不動産活用の
第一人者が本音で語る!!

・負動産ではなく
・富動産を
買いなさい。

最強マンションの購入術

旭化成不動産レジデンス株式会社
マンション建替え研究所
主任研究員

大木 祐悟

ロギカ書房

はじめに

　国土交通省の発表によりますと 2017 年 12 月末現在で、分譲マンションのストックは全国で約 640 万戸にのぼります。1953 年に分譲マンションが誕生してから六十数年経過した今日において、マンションはわが国の特に都市部の居住形態としてはなくてはならないものとなっています。

　さて、マンションは「居住目的」で購入する人の割合が一番高いと思いますが、昨今は「投資目的」等の理由でマンションの購入の検討をする人が増えています。ところで、居住用目的と投資目的では購入目的が大きく異なるように思われるかもしれませんが、実はマンションの購入をする際の判断の基本は、「資産価値が維持できるマンションであるか否か」であると、私は考えています。投資目的で購入する場合は、この判断基準は言わずもがなのことですし、居住目的でマンションを購入するときであっても、居住性が良くて多くの人が住みたいマンションは資産価値も高い傾向にあるためです。

　ところで、私は、25 年ほど不動産の有効活用についてコンサルティングを行うとともに、ここ十数年ほどは、マンションの再生のコンサルティングにも従事しています。マンションの資産価値を考えるにあたり、不動産の有効活用の専門家の視点から「立地」や「間取り」、「資金計画や税金」及び「投資用マンションの選択眼」について包括的に述べるとともに、「マンションの類型」、「マンションの管理」及び「ストックマンションの選択眼」については、マンションの再生の専門家の視点から述べてみました。

　内容としては、私の友人からマンションの購入の相談を受けた場合にするアドバイスを包括的にまとめたものとなっていますので、マンションの購入を検討する際にはご一読いただければ幸いです。

　最後に、本書の刊行にあたっては、ロギカ書房の橋詰守さんには大変お世話になりました。この場を借りてお礼を申し上げます。

平成 30 年 7 月 31 日

大木　祐悟

―目次―

はじめに

第1章
なぜ、マンションなのか

1-1 なぜ、マンションか ………………………………… 2

1-1-1 なぜ住宅を購入するのか 2
1-1-2 マンションを取り巻く最近の状況 8

1-2 成功するマンション購入 ……………………… 15

1-2-1 マンション購入4つの視点 15

第2章
マンションを購入する場合の
立地や建物の判断基準

2-1 立地 …………………………………………………… 20

2-1-1 立地についての基本的な考え方 20
2-1-2 利便性 21
2-1-3 立地を取り巻く環境 24
2-1-4 土地の性質 31
2-1-5 土地のブランド価値 34
2-1-6 土地についての制約 36
2-1-7 ミクロレベルでの立地の評価 41

2-2 建物 …………………………………………………… 44

2-2-1 建物で留意すべき事項　44

2-2-2 間取りの見方(1) 間取りの変遷　46

2-2-3 間取りの見方(2) 柱型・梁型の問題　50

2-2-4 間取りの見方(3) 家具レイアウトができるか否か　52

2-2-5 間取りの見方(4) 家電が置けるか否か　54

2-2-6 間取りの見方(5) 回路設計　56

2-2-7 間取りの見方(6) 基本的な間取りの構成　59

2-2-8 共用部分について　61

第3章
マンションの管理について考えよう

3-1 管理組合 ··· 64

3-1-1 マンション管理の必要性　64

3-1-2 管理組合とは　66

3-1-3 総会　69

3-1-4 理事会とは　71

3-1-5 管理費・修繕積立金　73

3-2 管理規約 ··· 76

3-2-1 規約について　76

3-2-2 標準管理規約をベースに規約を考える　78

3-3 マンションの管理上考慮すべき
その他の問題 ································· 85

3-3-1 高齢化問題　85

3-3-2 機械式駐車場問題　87

3-3-3 民泊　89

第4章
マンションについての各論

4-1 マンション形態の特徴と
メリット・デメリット …………………………… 92

4-1-1 マンションのバリエーション　92
4-1-2 タワーマンション　94
4-1-3 店舗や事務所があるマンション　101
4-1-4 団地　107
4-1-5 テラスハウス型のマンション　112
4-1-6 借地権マンション　116
4-1-7 定期借地権付きマンション　122

4-2 専有部分が多い区分所有者がいる場合 /
規模の大小による違い …………………………126

4-2-1 1人で多くの専有部分を持つ
区分所有者がいるマンション　126
4-2-2 規模の違いによる留意点　129

第5章
ストックマンションの選択眼

5-1 ストックマンション基礎知識 ……………… 134

5-1-1 ストック住宅市場の概要と
ストックマンション　134
5-1-2 ストックマンションの見分け方の基本　136

5-2 管理の良いストックマンションの見分け方… 139

viii

5-2-1　管理のよいマンションとは　139

5-2-2　重要事項説明書に
　　　　書かれている情報から考える　141

5-2-3　重要事項説明書に書かれていない事項で、
　　　　可能ならば確認すべき事項　147

5-3　建物の築年ごとの留意点　150

5-3-1　築年ごとの留意点　150

5-3-2　1980 年代前半以前に
　　　　作られたマンションの留意点　154

5-3-3　建替えや大規模改修を考えている
　　　　マンション　163

第 6 章
投資用マンションの選択眼

6-1　マンション投資は是か非か　172

6-1-1　マンション投資ブームの要因　172

6-1-2　マンション投資で失敗した人の話　178

6-2　マンション投資の判断基準　183

6-2-1　投資用マンションを購入する際の判断基準　183

6-2-2　マンション投資の収支の見方　186

6-2-3　建替えで一儲けをねらうことができるか？　191

6-2-4　「一括借上げ」や「家賃保証」の可否　192

第7章
資金計画

7-1 収入と支出 ·· 198

7-1-1 マンション購入に際しての資金計画の基本 198
7-1-2 マンション購入の資金計画 199
7-1-3 ダブルインカムの場合 201
7-1-4 住宅ローンの返済方法 202
7-1-5 経常経費も考えた返済計画の必要性 208
7-1-6 お金の返し方から借り方を考える 209

7-2 税金 ··· 213

7-2-1 マンションにかかる税金 213
7-2-2 消費税 214
7-2-3 不動産取得税 215
7-2-4 登録免許税 218
7-2-5 贈与税 220
7-2-6 ローン控除 227
7-2-7 所得税 229
7-2-8 マンションを売却した時の税金 231

第1章

なぜ、マンションなのか

1-1 なぜ、マンションか

1-1-1 なぜ住宅を購入するのか

マンションの購入の可否に関する一般論

1) 持ち家か賃貸か

　住宅雑誌やマネー誌を読むと、「持ち家か賃貸か」という特集が定期的に掲載されていて、そのなかでそれぞれのメリットとデメリット等が比較されています。このような特集記事が定期的に組まれていることからも、住宅については多くの人が関心を持っていることを確認することができます。そして、家を買うべきか否かについて悩んでいる人はこのような情報を参考にされているものと思いますが、一方で多くの人は心の中では住宅を購入することはほぼ決めているものの、購入の判断をするために背中を押してもらうためにあえてこうした情報を読んでいるように思われます。

　私は周囲からは不動産についてのプロだと認識されているため、知人から住宅の購入に関する相談を受けることも少なくないのですが、私の経験でも「持ち家でしょうか、賃貸でしょうか」という質問をしているにもかかわらず、彼らのほとんどは現実には家を買う気持ちを強く持っていて、私にこのような質問をする理由も実は持ち家を選択することについての共感を求めていたことが

ほとんどであったことから、以上のように思うに至った次第です。

さて、家を購入するべきか、賃貸でよいかという判断はあくまでも個人の価値観の問題です。現実に、住宅誌やマネー誌等における専門家のコメントの中でも、持ち家派と賃貸派と両方の意見がありますし、そもそも1人の人物が2つの人生を送ることはできないわけですから、その人が最終的に「持ち家でよかった」或いは「賃貸でよかった」のかについて客観的に比較することはできません。そのため住宅を購入する方向で考えている人は、失敗しない住宅の選択眼（負動産でなく富動産を選択する眼力）を持ったうえで判断をすることがベストであるといえるでしょう。

すなわち、仮に住宅を購入するとした場合に、「この家を買ってよかった」と思い続けることができればよいのではないでしょうか。

ただし、人生では何が起きるかわかりません。後でも述べますが、例えば、何らかの理由で住宅を売らなければならなくなることも考えられます。そのため住宅を購入する際には、最悪の場合にはすぐに売ることができるものを選択することをお勧めします。逆の言い方をするならば、将来的に売ることができないような家は買うべきではありませんし、少なくとも売ることができない住宅を購入するならば賃貸を選択したほうがよいと私は考えています。

2) 一戸建てかマンションか

さて賃貸ではなく持ち家の購入の方向で検討を進めるとしても、次に「一戸建て住宅」にするか「マンション」にするかいう2つの選択肢がでてきます。

もっともこの選択についても、現実には、マンションと一戸建て住宅では立地に違いがあることからそもそも比較の対象とはならないことが少なくありません。基本的に、都心立地や駅近くで容積率が高い場所には一戸建て住宅に適した立地は多くありませんし、逆に駅から多少離れているものの住環境が良い立地や郊外部ではマンションは少なくなります。つまり、少なくとも現時点ではマンションか一戸建てかの選択は、ある意味で都心立地や駅前立地等の利便性の高い場所に住むか、郊外や駅からやや離れているものの住環境に恵まれた立地に住むかの選択に近いものがあるといえますし、その結果として立地の選

4　第1章　なぜ、マンションなのか

択をすると自ずとマンションか一戸建てかの選択がされてしまうことが多くなります。

　ただし、ほぼ同じ立地にマンションも一戸建ても供給されているような場合であれば、それぞれの特性をよく理解したうえで判断をすることとなるでしょう。マンションにはマンションの良さがありますし、一戸建てには一戸建ての良さもあるからです。

　以下では、立地条件が同じであるとした場合の、一戸建てと比較したマンションの「メリット」・「デメリット」としてよく言われる点を挙げてみます。

◇　**一般的に言われるマンションのメリット**
　　ａ．セキュリティがしっかりとしている
　　ｂ．鍵一本で生活できる手軽さ
　　ｃ．建物の管理は管理組合が対応してくれる
　　ｄ．煩わしい近所づきあいをしなくてよい
　　ｅ．住戸の位置にもよるが日照や眺望に優れている
　　ｆ．冷暖房効率がよい
　　ｇ．住戸の独立性に優れている

◇　**一般的に言われるマンションのデメリット**
　　ａ．間取りが制約されてしまう
　　ｂ．増改築ができない
　　ｃ．管理費修繕積立金の納付義務がある
　　ｄ．一定の築年数を超えると資産価値が下落する
　　ｅ．管理や再生等を含め、管理組合の総会を経ないと何も決めることができ
　　　　ない

　人によっても指摘事項は異なりますが、一戸建て住宅と比較したマンションのよくいわれるメリット・デメリットについては上で述べたような事項を挙げることができます。もっとも、実際にはメリットとデメリットが裏腹なことも少なくありませんし、時代の流れのなかで住まいに関する人々の考え方も変わってきています。

❶ 管理組合による管理とは、区分所有者が管理に参加すること

　マンションの管理は管理組合が行うわけですが、そのためには管理費等の納付が必要となります。また、管理組合で管理を行うということは、マンションの所有者には管理組合の総会（法律上は「区分所有者集会」といいますが、本書では「総会」といいます）に参加して管理や再生について意見交換等に参加したうえで、決議において自分の意思を示す義務があることとなります。管理をすることについて区分所有者らが強く意識をして管理組合活動に積極的に参加しているマンションでは管理が適切に行われている可能性は高い反面、多くの区分所有者が管理組合活動に後ろ向きの場合には管理が適切に行われていないことも考えられます。「マンションは管理を買え」という話をよく聞きますが、これから繰り返し述べるとおり、管理の良否は築年数の経過とともにマンションの資産価値を左右することになることから、マンションを購入するときにこの言葉を肝に命じておくことはもちろん、購入後はそれぞれの区分所有者は積極的に管理組合活動に関与するように心掛けるべきです。

❷ 一戸建てでも修繕積立金は必要では

　さて、上記のメリット・デメリットの中では修繕積立金を積むことをデメリットの１つとして挙げましたが、実際には一戸建て住宅の場合でも定期的な維持修繕は不可欠なことですし、特に定期的に行うことが不可欠な外壁の吹き替えや屋上の防水工事等に際してはまとまった費用がかかります。そのため、一戸建て住宅を所有する場合であっても、その住宅の所有者は計画的に修繕に必要な資金を積み立てることが望ましいことであると思われますが、現実にはこうした対応をしている人はほとんどいないでしょう。

　以上からマンションの修繕積立金の仕組みはマンションのデメリットではなく一戸建て住宅の所有者もむしろ見習うべきものであるともいえるのではないでしょうか（加えて、一戸建て住宅においても、長期修繕計画の考え方を導入すべきだと思います）。

6　第1章　なぜ、マンションなのか

❸ セキュリティについて

　また、セキュリティの問題ですが、基本的にはオートロックシステムが採用されているマンションや、オートロックシステムを採用していなくても管理員が常駐しているマンションであれば一定レベル以上の安全性を有しているとみなすことができますが、世の中にはオートロックのないマンションも数多くありますし、中には管理員さえおかれていないマンションもあります。当然ながらそうしたマンションは、必ずしもセキュリティが優れているとはいえません。

　なお、最新のマンションはオートロックの仕組みが複雑化しているためセキュリティレベルは間違いなく向上していますが、一方で、特に高齢者の立場からみると、その仕組みは慣れるまでに時間がかかる厄介なものかもしれません。

❹ マンションだからこそ近所づきあいも必要ではないか

　次に、近所づきあいの問題ですが、ある時期までは近所付き合いを煩わしいと思う人たちがマンション居住を選択していましたが、昨今ではマンションに居住する人たちにも周囲とのつながりを求めている人が増えています。また、適切なマンションの管理をするためには、前述の通り区分所有者は管理組合の活動に積極的に参加すべきであることを考えると、近所づきあいやボランティア活動に一切かかわりたくない人はマンション居住には向いていないともいえるのではないでしょうか。

　ところで、一定の年数を超えると資産価値が下がるという点ですが、確かにどんなに優れた建物でも建物は「モノ」であることを考えると必ず耐用年数はあるわけですから、建物として利用できる期間が終わりに近づいてきたら資産価値は大幅に下落することになります。老朽化したマンションの建替えは社会問題となりつつありますが、老朽化しても建替えなりマンション敷地売却なりが可能なマンションの場合は、それらを前提とした評価がつきますが、何らかの事情で建替えやマンション敷地売却の合意形成ができないような場合には、そのマンションが利用できなくなった時点で評価さえつかなくなる可能性があります。

❺ その他

なお、建替えやマンション敷地売却が決定した場合のマンションの価値は、土地の更地価格から建物の解体費を差し引いた金額を、土地の共有持ち分で割り振った価格となりますが、この評価はあくまで区分所有者間の合意形成ができることが前提となったものにすぎません（建替えを前提とした評価については **5-3-3** を参照。現実には **5-3-3** で記載する計算式と前述の計算式による評価の2つの考え方があります。なお、理論的にはこの2つの計算式による評価はイコールになるといわれています）。

管理組合がまともに機能していないマンションでは、建替えやマンション敷地売却の際の合意形成は極めて厳しくなりますので、この観点からも日ごろからマンションを適切に管理する土壌が作られていることの必要性を理解することができるでしょう。

さて、マンションが老朽化して利用できなくなったときの話をしましたが、少なくとも最近のマンションは、しっかりと管理をすれば100年くらいは十分にもつともいわれています。そのため立地に問題がなく、管理も良好であれば、そのマンションは築後40〜50年経過しても十分な市場価値を保つことは可能です。このことは、現時点において築年数が経過しているにもかかわらず「ビンテージマンション」として人気を保っている高経年マンションがいくつも存在することからも確認することができます。

わが国における新築建物の数は減少傾向が続いていますし、今後は更に減少するといわれています。例えば、野村総研の予測では2030年には40万戸台になるともいわれています。そうなると、住宅市場におけるストック住宅（本書では、中古マンションのことを「ストックマンション」、中古住宅のことを「ストック住宅」、中古市場のことを「ストック市場」といいます）の役割はより大きくなることが想定されますので、むしろ良質な物件であれば、長い期間にわたり一定の資産価値を保つことができるともいえるでしょう。

もっとも、資産価値という点では、そもそも不動産市場全体の影響を受けますので、市場全体が好調なときには資産価値は上がりますが、市場そのものが不況な場合には資産価値は自ずと下落することにはご留意ください。

8　第1章　なぜ、マンションなのか

1-1-2 | マンションを取り巻く 最近の状況

マンションの供給状況や価格の推移についてデータで考えてみる

1）マンション市況について

　ここ数年は大都市圏の主要部を中心としてマンション価格の高騰が話題と
なっています。この点について、まず統計資料から考えてみましょう。

　図表1-1は2007年から2016年にかけての三大都市圏におけるマンション
の平均販売価格を示したデータです。三大都市圏のいずれもこの期間内でみる
と、リーマンショックの影響が強く出た2009年の販売価格が一番安く、2016
年の販売価格が一番高くなっています。首都圏と名古屋圏ではこの間に平均販

図表1-1 三大都市圏にもけるマンションの平均売買価格の推移

単位：千円

	首都圏	近畿圏	名古屋圏
2007年	4,644	3,478	3,813
2008年	4,775	3,513	3,901
2009年	4,535	3,411	3,802
2010年	4,716	3,452	4,022
2011年	4,578	3,490	3,896
2012年	4,540	3,438	3,824
2013年	4,929	3,496	4,174
2014年	5,060	3,647	4,306
2015年	5,518	3,788	4,618
2016年	5,490	3,919	4,560

国土交通省平成28年度住宅経済関連データより。筆者が編集した。

売価格は約 1.2 倍に、関西圏でも約 1.14 倍となっています。

　このように、ここ数年は確かにマンションを含む不動産価格の上昇の話はあちらこちらで聞きますし、都心部等の人気の地区では「バブル期を超えた」などという話も出ています。しかしながら一方で、人気の地区を除くとマンション価格も不動産の価格もあまり上がっていないようにも感じています。

　図表 1-2 は、1993 年から首都圏（東京、神奈川、千葉、埼玉）のマンションの平均価格について 2001 年 1 月を 100 とした場合の価格の推移を示したものです。この表を見ていただくと先ほどの私の実感をご理解いただけるのではないかと思います。

　例えば 1993 年の指数は、首都圏は 185.47 ですが、各都県別にみると、東京は 177.6 であるのに対して、神奈川は 190.59、千葉は 208.75、埼玉は 196.07 となっています。また、指数が最低となった時期ですが、首都圏では 2004 年（指数は 79.69）ですが、都県別にみると東京は 2004 年（指数は 80.7）、神奈川県は 2012 年（指数は 75.89）であるのに対して、千葉県は 2014 年（指数は 65.44）、埼玉県も 2012 年（指数は 64.68）となっています。

　時系列的にみると、千葉県はリーマンショック前まで指数が下がり続けたものの、リーマンショック直前に若干の上昇したのちに、再下落した傾向がみられます。また埼玉県についても 2010 年に一度上昇した後 2012 年にかけて再下落しています。そして、2016 年時点の指数は、首都圏全体は 87.52 となっていますが、都県別にみると東京は 95.35、神奈川は 83.63、千葉は 68.86、埼玉は 71.7 です。

　ちなみに、首都圏の不動産価格は、23 区で上昇したあとに、神奈川県→埼玉県→千葉県の順の時計回りで推移するといわれていますが、**図表 1-2** からもこの傾向が続いているようにも感じられます。

　一方で、バブル期までは、都心の一等地を中心に不動産価格が上昇するときは周辺部も含めて上昇傾向がみられていましたが、最近は不動産の二極化は明らかに進んでいます。そのため、都心部ではバブル期並みの価格上昇があったとしても、郊外部ではほとんど価格の上昇がない可能性があることを理解しておくことも必要です。なお、人口の減少と住宅ストックの増加傾向が続くこと

10 第1章 なぜ、マンションなのか

図表 1-2 首都圏のマンション価格の推移

	首都圏	東京	神奈川	千葉	埼玉
1993 年	185.47	177.6	190.59	208.75	196.07
1994 年	161.02	156.77	162.67	174.2	168.73
1995 年	127.45	123.49	130.82	136.24	131.95
1996 年	125.44	121.3	129.96	133.19	130.83
1997 年	115.93	113.23	119.97	120.75	117.09
1998 年	106.86	105.54	107.12	110.79	108.84
1999 年	100.97	100.85	100.86	101.85	101.01
2000 年	93.29	93.91	92.49	93.44	92.07
2001 年	86.65	86.87	85.89	87.03	86.86
2002 年	84.04	84.85	83.69	81.84	83.06
2003 年	80.6	81.85	79.58	78.92	77.51
2004 年	79.69	80.7	78.97	78.52	76.89
2005 年	80.01	82.16	77.72	77.57	75.43
2006 年	83.85	87.53	81.83	75.76	75.23
2007 年	87.75	93.14	85.21	77.34	73.18
2008 年	81.99	85.64	81.76	72.04	71.7
2009 年	80.91	84.77	81.31	70.29	68.73
2010 年	83.35	87.48	82.29	72.51	73.19
2011 年	78.34	81.86	78.23	67.32	69.54
2012 年	76.44	80.51	75.89	66.41	64.68
2013 年	80.32	85.88	78.13	65.92	68.17
2014 年	84.09	91.5	81.18	65.44	67.45
2015 年	87.5	96.04	82.14	68.67	71.16
2016 年	87.52	95.35	83.63	68.86	71.7

(一財) 不動産研究所が公表している住宅価格指数から、毎年 12 月の数値をベースに筆者が作成した。

から、今後もこの傾向はより顕著になるものと思われます。その意味では、マンションの購入に際して「資産価値」という点から考えると、「立地」は非常に大きな問題であるということがおわかりいただけるでしょう。

2) マンション価格に影響を与える要因について

　全体的なマンション価格についてはこれまで述べてきたとおりで、不動産の価格は経済情勢等に影響されますが、そのほか金利動向による影響は非常に大きいほか、投資用の不動産については為替動向にも注意が必要な場合があります。

❶ 金利動向について

　まず、金利について考えてみましょう。

　マンションの価格が高騰しても売れ行きが極端に悪くなっているわけではありません。その理由は住宅ローン金利が低下傾向にあるためです。

　ちなみに、**図表 1-3** は住宅金融支援機構のフラット 35 の各年の 6 月時点の金利の推移です。2009 年の金利は 3.95 ％ですが、2017 年の金利は 1.63 ％となっています。仮に、1,000 万円を借り入れた場合の返済月額は、3.95 ％のときは約 4.4 万円ですが、1.63 ％のときは約 3.1 万円と 4 分の 3 弱となっています。

図表 1-3 フラット 35 の金利の推移（毎年 6 月時点）

	金利
2007 年	3.20 ％
2008 年	3.49 ％
2009 年	3.95 ％
2010 年	3.16 ％
2011 年	3.05 ％
2012 年	2.52 ％
2013 年	2.83 ％
2014 年	2.37 ％
2015 年	2.15 ％
2016 年	1.59 ％
2017 年	1.63 ％

12 　第1章　なぜ、マンションなのか

すなわち、金利が 3.95 ％から 1.63 ％に下落すると、25 ％高い不動産を購入することで借入が増えても借入金の返済額にかかる負担は同じですむこととなります。

　このように金利の低下が、マンションを含む不動産価格の上昇を下支えする1つの要因となっていることは理解できるでしょう。逆に考えると、将来的に金利が上昇する場面になると不動産価格にもマイナスの影響を与える可能性があると考えられます。

❷ 為替動向について

　ある時期までは、日本の不動産を購入する者の圧倒的多数は日本人でしたが、最近は外国人が日本の不動産を積極的に購入するようになっています。東京等の大都市部の国際化はその理由の1つとして挙げることができますが、「世界的なお金のだぶつき」をより大きな理由として挙げることができるでしょう。

　FRB も欧州中央銀行も金融緩和の方向を修正し金利を上げる方向に舵を取りつつあるようですが、それでも金利は史上最低のレベルにあることから、余剰資金は少しでも収益の上がる物件を世界中で探しています。そのため、日本の主要都市の収益用不動産等にも多額の資金が世界中から投下される状況となっているわけです。現に、主要都市における大規模ビルや商業施設は外資が所有しているケースも増えていますが、投資資金はオフィスビルだけでなくマンション等にも及んでいます。

　特に、都心部の億ションと言われるような高級マンションは、外国人が購入することも増えているという話は何年も前から出ています。

　さて、以上の理由から仮に日本の不動産を外国人が購入する場合には、外国の主要都市と比較した日本の不動産の価格差（主としてドル換算での比較）も大きな影響を及ぼします。例えば、ニューヨークやロンドン、あるいはシンガポールや上海等の世界を代表する都市の大規模ビルと東京にある同じクラスの大規模ビルの価格差や、マンションの価格差等から考えて、割安感があれば投資家は東京の不動産を物色することになるわけです。この場合、そもそも各主要都市の不動産価格の状況とともに、円とドルの為替相場も価格を考える際の

大きな判断材料となるわけです。外国人投資家は、円ベースで投資の判断はしないためです。

　仮に1ドルが100円の場合と120円の場合を比較すると、後者の場合はドルベースでの不動産価格は2割下がることとなります。すなわち、為替が円安の局面になると、外国人投資家は日本の不動産を買いやすくなるため、不動産価格の上昇の余地も生まれてくるわけです。

3) マンションの供給状況

　バブル期はマンション価格も高騰したため、買換えの場合を除くと庶民にとってマンションは高嶺の花であり、大都市圏中心部からかなり離れた立地でなければマンションの購入は困難な状況でした。しかしながらバブル崩壊によりマンション価格が下落したため、庶民にとってマンションが求めやすくなったことと、この時期が団塊ジュニア層の持ち家取得の時期と重なったことからマンションの大量供給が続くこととなりました。もっとも、マンション価格の高騰により特に都心部やその周辺ではマンションを求めることが困難になった

図表1-4 マンションの供給戸数の推移

分譲戸数	全国	首都圏	関西圏
2007年	133,670戸	61,021戸	30,219戸
2008年	98,037戸	43,733戸	22,744戸
2009年	79,595戸	36,376戸	19,784戸
2010年	84,701戸	44,535戸	21,716戸
2011年	86,582戸	44,499戸	20,219戸
2012年	93,861戸	45,602戸	23,266戸
2013年	105,282戸	56,478戸	24,691戸
2014年	83,205戸	44,913戸	18,814戸
2015年	78,089戸	40,449戸	18,930戸
2016年	76,993戸	35,772戸	18,676戸

㈱不動産経済研究所が公表している「全国マンション市場動向」のデータをベースに筆者が作表したものです。

14　第1章　なぜ、マンションなのか

ことと、一等地ではマンション用地を探すことも難しくなっていることから、直近では2013年をピークにマンションの供給戸数は減少傾向にあります。

　なお、近年は「空家」が大きな社会問題として取り上げられるようになっていますが、空き家の増加の原因として新規の住宅供給が多すぎる点が指摘されていることや、わが国がすでに人口減社会に入っていることに加え世帯数もそろそろ減り始めることから、今後は新築マンション供給も減少傾向になるものと思われます。

　もっともそうなると、ストック市場が今よりも重要になるものと思われますので、質の高いマンションが市場においてより重視されることになるでしょう。

1-2 成功するマンション購入

1-2-1 | マンション購入 4 つの視点

マンションを購入する際の基本的な判断基準

1) 転売できる物件であるか

　少し古い言葉ですが、バブル期までは「住宅双六」という言葉がありました。これは、地方から都会に来た人をベースに、学生時代は「寮」や「貸間」に住み、社会人になると「アパート」を借り、その後結婚して一定の年齢になると「マンション」を購入し、更に管理職になるとマンションを売却して郊外に「一戸建て住宅」を購入することで「あがり」となることを「双六」にたとえて表現したものですが、当時はこの考え方はごく一般的なものとされていました。

　しかし、バブル崩壊後からはこの住宅双六的な考え方が否定され、「マンションは一戸建て住宅を購入するまでのステップとしてではなく、永住目的で買う」ことが推奨されるようになりました。

　個人的には、住宅についてもステップアップを図るのか、あるいは永住目的で購入するのかは、それぞれの人の判断だと思います。ただし、仮に永住目的でマンション（実際にはマンションだけでなく一戸建て住宅を買う場合も同じです）を購入するとしても、**1-1-1** でも述べたようにそのマンションが将来

転売できるものであるか否かは十分に検討されることをお勧めします。

その理由は、前述のように人生においては将来何が起きるかわからないことに加えて、特に一定の築年数を超えたストック住宅を購入するときには建物としての寿命が到来したときのことも視野に入れておく必要があるためです。

例えば、筆者の知人で、35歳のときに永住目的で3LDKのマンションを購入した人物がいました。当時その人物には子供が1人だけでしたので、仮にもう1人子供が生まれたとしても広めの3LDKならば十分に生活できるだろうと考えてそのマンションを購入したようです。ところが、その人物には、その後双子が生まれたため、3LDKでは子供が成長すると対応ができなくなると判断して、マンション購入から8年目に郊外の4LDKの一戸建てに買い替えることとなりました。

そのほか、マンション購入後、事情が変わって実家を二世帯住宅に建て替えることとなりマンションを売却して移転した人や、勤務先が変わり住居の移動を余儀なくされた人もいます。

マンションの購入を検討する人は、自分の将来についていろいろなことを考えたうえで購入の判断をするわけですが、このように自分を取り巻く環境が変わる人もいます。このようなことを考えると、永住目的で購入するとしても、売却できるものを選択する必要があることについてご理解いただけるでしょう。

さて、最近は所在者不明不動産が大きな社会問題となりつつあります。所在者不明になる主たる理由は、持っていても利用もできず、固定資産税等の維持費がかかるばかりかかるようになることでしょう。

ところで、マンションを所有していれば固定資産税や都市計画税等の税金のほかに、管理費や修繕費等の支払いも必要となりますが、マンションに居住している場合やこのマンションを第三者に貸している場合はともかく、マンションの住戸を空かせている区分所有者にとってはこの負担は小さいものではありません。

現実に、他に住宅を購入してマンションから引っ越したものの、そのマンションが老朽化や管理不全等の理由で空いてしまっているにもかかわらず、売ろう

としても売れないし、貸そうとしても貸せずにその住戸を持ち続けているために、税金に加えて管理費や修繕積立金も支払う必要があるので困っている人もいます。以上の理由から「いざというときに売却できるか」という視点は、マンションを購入する場合に無視することができないものであることがおわかりいただけるでしょう。

2) 物件を判断するための個々の要因

マンションを含め、不動産とは文字通り、動かざる財産です。そのため、物件の良否の判断をする場合の第一は「立地の良否」です。先ほど、不動産が二極化しつつあるというお話をしましたが、立地に問題があるマンションは、建物の質や管理がいくら優れていても、そのギャップを埋めることはかなり大変です。

もちろん、一般的には問題がある立地だとしても、ある特定の人物にとっては魅力ある立地である可能性はあります。このような考え方については「永住目的で買うのだから、問題はない」という判断もできるわけですが、前述のとおり、「最悪の場合は売ることができるか否か」という観点からは、やはり問題があるように思います。

マンションを購入する場合の2つ目の視点は「建物の質」です。具体的には建物の構造や間取りの良否を挙げることができます。立地が優れていても、例えば、耐震性に問題がある等、建物に問題があるようなマンションは購入すべきではありませんし、間取りも使い勝手の良いものとそうでないものがあります。こうした点も含め適切な判断をするようにしてください。

3) 管理の質

マンションを購入する場合の3つ目の視点は「管理の質」です。立地が良く建物も満足できるレベルのものであったとしても、管理組合が機能せず計画的な維持修繕を行わなければ、建物の質はどんどん劣化してしまいます。例えば、計画的な維持修繕等を全く行わず、築後30年あるいは40年が経過してしまっ

たようなマンションでは、配管からの水漏れ等が管理する上で深刻な問題となることもあります。「マンションは管理を買え」とよく言われますが、このような事例からも管理の大切さを十分に理解したうえで、マンションの購入の判断をするようにしてください。

4）費用負担

最後に、3番目の問題点にも関係する点ですが、「マンションの維持に関する費用」についても十分に検討することでしょう。マンションを購入したとして、ローンの支払いに加え、管理費や修繕積立金等の負担も鑑みて、生活をまかなうことができるか否か……これも重要な視点となります。

本書では、この4つの点からマンションについて考えてみたいと思います。なお、この基準は、居住目的でマンションを購入する場合のみにとどまらず、投資目的で購入する場合でも留意すべき基準となるものであることを念のため付言しておきます。

第2章
マンションを購入する場合の
立地や建物の判断基準

2-1　立地

2-1-1 | 立地についての 基本的な考え方

土地を判断するための基準とは？

　不動産の物件広告を見ると「○○駅徒歩○分」「○○小学校、△△中学校学区」等、立地についてごく大まかな内容を示す文言が記載されていますが、こうした点も含め、「動かざる財産」である不動産の購入を検討する場合には、立地の良否の判断は極めて重要な事項となります。前述のとおり、立地に問題がある場合には、建物や管理のレベルがどれほど優れていたとしても不動産としての評価を高くすることは難しいことがその主たる理由です。

　そこで、本章ではまず、マンションの良否の判断をする最初の基準として立地について考えてみましょう。

　不動産の立地の判断基準としては、いろいろな要素がありますが、一般的には次のようなものを挙げることができます。

　a. 利便性（交通利便性、生活利便性等）
　b. 立地を取り巻く環境（居住環境、安全性等）
　c. 土地の性質（地盤の良否、災害等の危険度合い）

　　　　　　　　　　　　　　　　　　　　　　　　　　2-1　立地　*21*

　　d. 土地のブランド価値
　　e. 土地についての制約（法律上の制約、地形による制約等）
　　f. マクロレベルでの立地の評価

　以上の点について具体的に見てみましょう。

2-1-2 ｜ 利便性

交通利便性については、他の要因も含めた総合的な判断が、生活利便性については代替施設の充実度が重要

　マンションの立地を判断する場合には交通利便性や生活利便性は重要な要素です。例えば、最近では特に大都市部においては、駅から5～6分程度以内の立地か否かでマンションの人気が大きく異なるといわれています。そのため、駅直結あるいは駅徒歩1分といった物件が多い、駅前再開発ビルなどが人気を呈しているようです。

　このように交通利便性に優れているマンションには大きな魅力がありますが、では駅前立地のマンションは本当にお勧めの物件と言えるでしょうか。

　確かに、駅に近いことは大きなメリットですが、一方で駅によっては「騒音」や「環境」面で問題があることもあります。特にターミナル駅やそれに準じる駅の場合には、人の集積度合も大きくなるため、この点が問題となる可能性が高くなります。あくまで自分自身の生活の本拠としてマンションを選択するときには、交通利便性の良さと環境面等その他の要因をバランスよく考えることも重要でしょう。

　次に生活利便性を考える場合の具体的な要素としては、「買い物の便」、「金融機関」、「公共施設の充実度」、「医療機関の充実度」等を挙げることができます。そのほか、小中学生くらいの子供を育てることを考えると「学校区」や「塾

22　第2章　マンションを購入する場合の立地や建物の判断基準

の充実度」なども重要ですし、健康面に留意する人は「フィットネスクラブ」
の有無等も検討すべき事項となるでしょう。

　もっとも、公共施設を除くと、買い物をするための施設も金融機関も塾も
フィットネスクラブも民間の施設ですから、経営環境が思わしくないと撤退す
ることもあります（また、最近では公共施設についても、維持コスト等の関係
から撤退することも増えているようです）。その意味で、「駅前にスーパーも銀
行も塾もジムもあるから便利だ」と単純に判断することは危険かもしれません。
仮に、「駅前にあるそれらの施設が利用できる」という利便性がマンションの
購入に際しての主要な判断基準であるとするならば、将来、それらの施設の一
部が撤退することになったとしても問題なく生活することができるか否かを考
えておくことも重要でしょう。例えば「駅前にスーパーが2件あるほか、近く
のロードサイドにも大型商業施設がある」、「銀行も3行ほどある」、「塾は隣接
の駅前にも充実している」等の状況であれば、より安心できると考えられます。

　一方で例えば、郊外のニュータウンのような場合で、スーパーも金融機関も
地区内に1件ずつあるけれど、それらが撤退してしまうと近隣には代替施設が
ないのであるとすれば、生活利便性の観点からすると問題があるといえるかも
しれません。

　もっとも、これからの時代は、生鮮食品も含め宅配される仕組みが充実する
かもしれませんし、日常生活についてもネット決済で対応できる世の中になる
可能性もあります。そうなると、最寄りにスーパーや金融機関があることが利
便性ではなくなるかもしれません。現に、金融機関については、ネットとコン
ビニエンスストアで大部分の用はまかなうことができる状況になっています。

　なお、個人的には、周囲に美味しい料理を提供する店が何件もあることなど
も重要な要素ではないかと思いますが、このあたりは個人の嗜好の問題でしょ
う。

　そのほか、趣味を中心に人生設計を考えている人にとっては、「自分の趣味
を充実するのに適した地区」も利便性という意味では重要かもしれません。例
えば、サーフィンやヨット等のマリンスポーツの愛好者にすれば「海の近く」
でしょうし、ゴルフ愛好者からすれば「ゴルフ場のそば」は魅力的な立地とい

えるでしょう。ただし、趣味を追求するあまりにニッチに走りすぎると、本書のテーマの１つである「将来売ることができるマンション」という点には反することになる可能性があります。住まいをどのような観点から考えるかは最終的には個人の判断ですが、以上の理由から趣味に走りすぎた物件の購入は、お勧めできません。ただし、同じような趣味を持つ人が多いときは、同好の士を対象とした売却は可能かもしれません。

◇ **参考：駅徒歩〇分とは？**

　不動産の物件表示で「徒歩〇分」という表示は、１分間に 80m 歩くことを前提とした表記となっています。そのため、駅から 400m 離れている場合には「徒歩 5 分」と表記されます。ちなみに、１分間で 80m の歩行とは、時速約 5 キロ弱の速度で歩いていることになりますので、成人男性のやや速歩きくらいのスピードに相当します。

　また、駅も改札ではなく入り口からの表示ですから、出入り口から改札まで少し距離がある場合には、実際に電車に乗るまでにはプラスアルファーで時間がかかることとなります。よく言われている話ですが、東京の地下鉄では、銀座線や丸の内線のように古くからある路線は入り口から改札まではあまり離れていませんが、南北線や都営大江戸線のように比較的最近できた路線は、改札もかなり地下深い場所になりますので、電車に乗るまでにはプラスアルファーで時間がかかることを承知しておく必要があります。

◇ **参考：駅からの距離について再考**

　最近は駅から近い立地のマンションが好まれる傾向にあります。確かに、駅から遠い場所よりも近い立地のほうが便利ですし、そもそも長い距離を歩くのも面倒ですから、この傾向はよく理解できるものです。特に高齢者になると、駅からも商業施設からも近い距離に住んでいるほうが明らかに便利ですから、これからの社会においては、駅に近く利便性の高い立地に居住することを志向する人がより顕著になるように思われます。

　もっとも、１日 7,000 ～ 8,000 歩程度のウオーキングをする習慣がある高齢者は健康な人の割合が高いという報告もありますが、一方で毎日 7,000 ～ 8,000

歩のウオーキングを意識的に継続することは大変です。そうなると、例えばの話ですが、あえて駅から 10 〜 15 分程度離れた地区に居住すれば、ちょっとした用事で駅まで往復するだけで 3,000 〜 4,000 歩程度歩くことができるため、あえてそうした場所を選択することは、健康を維持することを目的とする人にとっては 1 つの選択肢になるかもしれません。

ところで、駅から離れると通勤や買い物が大変だという話もありますが、仕事については在宅勤務をするような人には通勤の問題は関係がありませんし、前述のように生鮮食料品等もアマゾン等で宅配されることが日常となり、スマホ決済で日常生活が成立つのであれば、必ずしも駅から近いところに住む必然性もなくなるのかもしれません。

技術の進歩や暮らし方は、時代の変化とともに変わりますので、「利便性」を判断する場合の価値観はこれからも大きく変わる可能性があります。

なお、在宅勤務、買い物は基本的に宅配といったような極端な事態にはならなかったときには、駅からの距離の問題は物件選択に際して重要な事項となりますが、併せて考えるべき事項として、坂道の上り下りの有無を挙げることができます。例えば、駅が谷底にあり、自宅に帰る場合には坂道を登らなければいけないという状況は特に高齢者にとっては大きな負担となるでしょう。仮に、駅徒歩 5 分ではあるものの坂道を上り下りする必要がある場所と比較すれば、徒歩 10 分であっても平地を歩くほうが楽であるかもしれません。

その意味では、物件の選択は地図だけで判断してはいけませんし、現地を見に行くときも車ではなく、公共交通手段を使って現地まで出向くことも重要なことであるといえるでしょう。

2-1-3 立地を取り巻く環境

日照や静粛性、安全性の考え方

自分自身の住まいを考える場合には住環境は極めて重要です。利便性のとこ

ろでも述べたように、駅前という最高の利便性の立地だとしても、昼の間は周辺からの騒音がひどく窓を開けていられないことがあるかもしれませんし、近隣に嫌悪施設があるような地区だとすれば、生活の本拠としては問題があるとみなすこともできます。

　もっとも、「今どきは、一年中エアコンをかけて暮らしているし、窓も二重サッシだから騒音は気にならない」という人もいるかもしれませんが、厳冬期や酷暑期は別にして、気候が良いときは窓を開けて暮らすことは悪くないものです。私も若いころはずっとエアコンをかける生活していましたが、ある時期からエアコンが嫌いになり極力エアコンに頼らない生活を送るようになりましたが、このように個人の生活スタイルも年齢や健康上の理由等により変化することがあることは念頭に置いておくべきでしょう。

　さて、住環境を考えるうえで特に重視される事項としては「日照」と「通風」及び「静粛性」を挙げることができます。

1) 日照について

　このうち日照については、マンションを見学する時期によっても注意が必要です。当たり前の話ですが、季節によって太陽の高さが変わりますので、春夏秋の日照は十分に確保できても、冬場にはほとんど日が当たらないこともあります。そのため、日照のチェックをするのであれば、物件見学に最も適した時期は冬至の前後となります。

　しかしながら、マンションを探す時期は様々ですから、日照を考える際の1つの判断基準を挙げさせていただきます。東京周辺の緯度をベースに考えると、南側にある建物の高さから1.5倍以上距離が開いている場合には、冬場でも一定の日照が確保できます。例えば、前の建物が10mの高さ（概ね3階建ての建物）の場合に必要な離隔は15m以上となります（**図表 2-1** 参照）。

　ところで、10mという距離は、建物の概ね3層分に相当しますから、南側の建物が8階建ての場合で、こちらの建物が5階の場合も同じように考えれば良いことになります。

図表 2-1 冬場の日照を考えた場合の南側の建物との離隔について

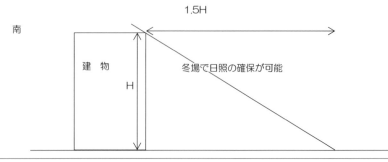

◇ 参考：日照と建物配棟

　なお、日照については建物の配置でも留意すべき点があります。仮に建物が雁行していると、外観は良くなりますし特定の時間帯は日照条件も最高の状態となりますが、建物が出ている側に太陽が動くと、日照は取れなくなります。たとえば図表 2-2 ①のように東南方向に雁行している建物は、午前中の日当たりは最高ですが、午後になると日照を確保することはできなくなります。

　もっとも、建物が雁行していると、窓を二面につけることができる部屋も確保しやすくなりますので、その部屋は採光以外に通風の確保も可能となることが大きなメリットになります（2-2-7 参照）。

　これに対して図表 2-2 ②のような建物の場合には、太陽が西の方向に進んでも一定の日照は確保されることとなります。ただし、この形状は外観は平凡ですし、角住戸以外の住戸では窓を二面にとることができる部屋の確保は困難です。

図表 2-2 ①

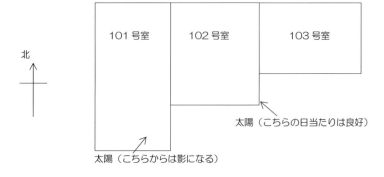

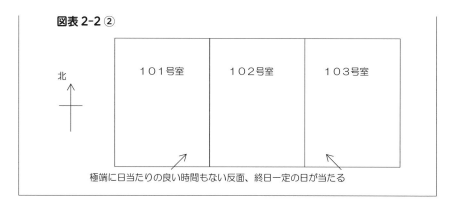

　日照について考えるときにもう1つ留意点があります。それは、マンションの隣地に新たにマンションが建つ可能性の確認です。

　例えば、マンションの敷地の南側に大きな駐車場があるとすれば、その駐車場には将来同じような規模のマンション等の建物が建つ可能性があります。もちろん、駐車場以外でも、まとまった大きさの邸宅や会社の社宅等、広い土地がある場合にも同じようなことが考えられます。現実に、新築マンションを購入してから数年後に南側に大きなマンションが建ってしまい、日照条件が悪くなった事例や眺望が阻害された事例もありますので、日照や眺望を阻害するような方向にまとまった規模の土地がある場合にはその点にも留意しておくべきです（もっとも厳密に考えると、土地の大きさ以外に、都市計画上の制限の確認も必要です。**2-1-6**参照）。

　なお、マンションを購入する時点で、隣接地が気になるようなケースでは、その土地でマンション等にかかる建築の計画があるか否かについては、マンションの分譲会社の担当者に確認をすることをお勧めします。

　次に通風ですが、極端な密集地以外ではむしろ間取りの問題といえますので、この点については建物の部分で説明させていただきます（**2-2-7**参照）。

◇ **参考：隣地の建築について**

　今から15年以上前の話ですが、知り合いからマンションの購入についてアド

図表 2-3

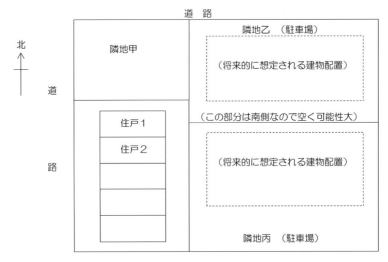

バイスを求められたことがあります。その人物が購入しようとしたマンションは東向きでしたが、当人は予算の関係から5階の北東の角部屋（住戸1）か、その隣の住戸2のいずれを選択するかについて悩んでいました。因みに、そのマンションと近隣は図表2-3のような状況でした。

　住戸1は「角住戸」といっても北方向と東方向の角住戸ですから、採光や通風はともかくとして日照条件は相談時の状況では住戸2とほとんどかわりませんが、販売価格は少し高くなります。また、実際問題として、角住戸の場合は採光等のメリットはありますが、建物の三面が外壁となりますので、外部の温度の影響が大きくなるため住戸2と比べると冷暖房効率も落ちます。そのため、相談者は住戸2を購入するつもりだったようです。

　ところで、周辺の土地状況を見ると、メインの採光方向である東側隣地である土地乙も土地丙もまとまった大きさの土地でしたし、それらの土地も容積率も高い地区であったため、将来的にマンションが建つ可能性が高いものと思われました（ちなみに、周辺状況から考えてこれらの土地に建つ高層建築物はマンション以外には考えられない立地でした）。この場合、土地丙に建つマンションは、可能な範囲で北側に寄った配置になることが想定されましたので、住戸2を取得すると将来は東側の窓の前にマンションが建つことを覚悟することが必要でした。これに対して土地乙にマンションが建つときは、少なくとも想定さ

れる建物の南側には一定の採光をとるための空間を確保するものと考えられましたので、住戸1であれば、東側の窓の前は将来的にも空間が確保される可能性が高いことから、この2つの住戸のいずれかを選択だとするのであれば、住戸1を購入すべきだというアドバイスをした次第です。

また、乙土地と丙土地を合わせてマンションが建つことの有無も考えたのですが、実はこの2つの土地には1メートルほどの高低差があったことと、それぞれの土地単独で十分なマンションが建つ大きさであったことから、その可能性は低いと考えた次第です。

なお、結果として5年ほど前に丙土地に想定したようなマンションが建ったため、住戸2の日当たりはかなり悪くなったようです。

2)「音」に関して

さて、本論に戻ります。

次に騒音に関してですが、マンションが駅前や幹線道路沿いに位置するときは、電車や車の音が気になることがあります。そのため、このような立地でマンションを供給する際には、分譲会社も二重サッシやペアガラス等を採用していることが多くみられます。

ところで、遮音性や断熱性については、一般に「ペアガラスよりも二重サッシのほうが性能が優れている」といわれています。ペアガラスのサッシはガラス部分の遮音性や断熱性は高くなりますが、問題はガラスを支える周りの枠部分等から音や熱が漏れるためです。もっとも、昨今では、この部分の断熱性を高めた素材が主流になりつつあるため、ペアガラスであっても断熱性・遮音性ともにレベルは高くなっているようです。もっとも、ある時期までは、サッシ全体での最適性までは考えていないものも多かったため、このことは、ストックマンションの検討の際に重視すべきことかもしれません。

ところで、遮音性に優れたサッシを採用していれば、窓さえ閉めれば音の問題は解決できるかもしれませんが、問題は、前述のように1年中ガラスを締め切った生活でよいか否かという点です。その意味では、個人的には季節によっ

ては窓を開けて住むことができる立地は重要ではないかと考えています。

3) 安全な立地であることを判断するための1つの考え方

　環境面ではそのほか、安全性も重要な要素となります。

　私は、知人が住宅を購入する場合には、昼だけではなく夜に現地確認をすることを推奨しています。街は、昼の顔と夜の顔が大きく異なることがあるためです。

　駅からの距離にかかわらず、夜の9時あるいは10時になっても暗いところを経ず、また多少でも人の流れがある場所を通って帰宅できる立地であるか否かのチェックは、特に女性や子供の安全を考える場合にはきわめて重要な事項です。最近は、仕事やレク等で女性も帰宅が10時、11時となることも少なくありませんし、子供の塾だって9時くらいになることは珍しいことではありません。もちろん、子供の塾通いについては親御さんが車で迎えに行くことが多いのかもしれませんが、そもそも親御さんが体調不良で寝込んでいるような場合には子供が1人で帰宅することも考えられます。

　以上の理由から、時間帯を変えて駅から現地までの状況確認は、後悔しないためのマンション選択の基本であると、私は考えています。

◇ **参考：時間帯を変えて土地をチェックする必要性**

　前述のように、町には昼の顔と夜の顔が異なることもありますが、日中でも、時間帯により周辺環境が大きく変わることがありますので、この点からも時間帯を変えた現地の視察は重要となります。

　具体的に考えてみると、まず通勤時間帯の問題を挙げることができます。

　人口の増加に対して交通インフラが追い付いていない地区では、特に朝の通勤時間帯の最寄り駅はかなりひどい混雑となっていることがあります。実際に急激にマンション開発が進んだため人口が急増しているようなエリアでこの問題が発生していることが報道もされています。

　次に、マンションの前面道路の車の交通量です。マンション前の道路が「裏道」で使われているような場合には、朝や夕方の時間帯は渋滞がひどくなることも

ありますが、この点も時間帯が違うと確認することはできません。

　なお、時間帯の問題ではありませんが、そのほか、急激にマンション開発が進んだエリアでは学校が飽和状態であることもあります。私が子供のころは、子供の数の増加に校舎が追い付いていなかった学校に通っていたため、校庭につくられたプレハブの校舎で学習することを経験していますが、できれば子供にこうした環境で教育をさせたくはないものです。子供がいるような場合には、このようなことにも留意するようにしてください。

2-1-4 ｜ 土地の性質

地盤の強さや、周辺との高低差もチェックポイント

1）地盤について

　東日本大震災の際に、関東の沿岸部でも液状化の被害が大きく取り上げられたことは記憶に新しいことです。また、最近は地震以外に、風水害等の自然災害も増えているためこの点についての留意も必要ですし、古くて新しい問題ですが大規模火災等が報道されることもあります。

　ところで災害時における被害状況は、立地により大きく異なるといわれています。

　まず、地震に対しては地盤の良否が建物の被害を大きく左右します。マンションを建築する場合には杭を打つことが当たり前と考えている人も多いようですが、地盤がしっかりとしている場所では、杭を打たずにマンションを建築できることもありますし、湾岸地区等では、建物を支えることができる固い地盤が地下50m以下というケースもあります。支持基盤が地下深い場所にある立地では当然ながら支持基盤まで届く杭を打って建物を支える必要があるわけです

が、地盤が弱いところよりは地盤が固い場所のほうが建物の立地として適していることは間違いありません。

なお、一般論ですが、古いマンションよりは新しいマンションのほうが杭の性能もよくなっているようです。その意味では、この問題は、特に築年数が古いストックマンションを購入する場合においてより重要な事項となるでしょう。

2) 水害について

次に、水害に関してですが、そもそも埋立地等の低地や大きな川の側の土地に問題があることはもとより、高台に位置する土地であっても、周辺と比較すると低い地区においては問題がある可能性があることも指摘しておきます。最近は毎年のように「50年に一度」とか「100年に一度」という集中豪雨が各地で確認されていますが、このような豪雨になると下水の処理機能がマヒしてしまい下水管から水があふれるような事態も発生するわけですが、例えば高台の土地であっても、窪地のように周辺と比較して低い立地の場合には、水はその土地に集中することになります。現実に、東京の山の手地区でも集中豪雨のために地下室が水浸しになった事例等が報道されることがあることからも、この点の重要さを理解することができるでしょう。

3) 火災の危険性

また大規模火災のリスクですが、この問題については木造住宅密集地が火災に弱いことは言うまでもありません。加えて、道路が狭い地区は万が一の場合に消防車が入ることも困難となりますので、被害の規模が大きくなりがちです。

マンションは多くの場合、鉄筋コンクリート造（あるいは鉄骨鉄筋コンクリート造）ですから、一般に耐火性には優れているといわれています。しかしながら、周辺で大火災が発生したような場合には、鉄筋コンクリート造の建物であっても被害を受ける可能性はあるわけですから、周辺の建物の密集度合いにも注意が必要なのではないでしょうか。

もちろん、全般的に建物の耐火性能が向上している地区であれば建物の密集化がある程度進んでいたとしても大火災の場合の危険は軽減されることとなり

ます。

　そのほか、崖地の周辺（崖の上も下も含めて）も万が一の事態を考えると問題があることが少なくないでしょう。もちろん、堅固な擁壁があれば問題はありませんが、一方で擁壁が老朽化しているようなときには、自然災害等で問題が起こることがあるかもしれません。

　ところで、隣地との間に高低差がある場合に、擁壁が自分たちのマンションの土地の中にあれば（すなわち、擁壁自体がマンションの共有物である場合）、擁壁が老朽化した場合にはマンションの管理組合で決定すれば修復なりをすることが可能ですが、擁壁が隣地の所有物となっているときは、擁壁に問題が発生しているときでも、マンションの側は対応することはできません。その意味では、擁壁がある場合にはその擁壁の所有関係も確認しておくべきでしょう。

図表 2-4

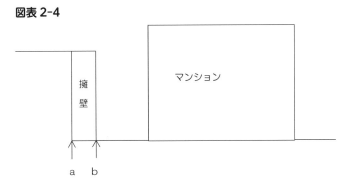

敷地境界がａの場合は、擁壁はマンション側の所有物ですが、
ｂの場合は隣地所有者の所有物となります。

　なお、地震や水害、火災等の危険性については、それぞれの自治体でハザードマップ等を作成していることも多いので、こうした情報も不動産を購入する際には確認するようにしましょう。そのほか、土砂災害については、都市計画の中で危険な地区については指定されていますので、これらの情報も疎かにせずに確認するようにしましょう。

2-1-5 土地のブランド価値

似たような地区でも地名で評価が変わることも

　毎年、いろいろな雑誌等の媒体で「住みたいまちランキング」や「住宅地の満足度ランキング」等が公表されています。このようなランキングがあることあることからも、「どこに住むべきか」ということについての多くの人が高い関心を持っていることを知ることができます。また、住みたい町にランキングがあるということは、結果として人気のエリアには一定のブランドがあることが確認できます。

　また、不動産のブランド志向についての傾向はマンションの名称からもうかがい知ることができます。

　例えば、東京都内の人気地区の１つに「自由が丘」という土地があります。自由が丘周辺はいずれも高級住宅地で地価も高いのですが、例えば、世田谷区奥沢という高級住宅地にあるマンションでも「○○マンション自由が丘」という名称を付けることがあります。個人的には世田谷区奥沢も目黒区自由が丘も大きな違いはないと思いますが、一般向けの名称としては「自由が丘」という言葉を付けるほうがマンションを販売しやすいと売主が考える場合にはこのような名称を付けることになるのでしょう。

　いずれにしても、土地のブランド価値は不動産を購入する上で無視することができないものとなっています。

　さて、大都市部の場合は、「沿線」や「駅」で一定のブランドが形成されていることが多くなっていますし、そのほか「小学校や中学校の学校区」等でもブランド価値が形成されることもあります。もっとも、土地のブランド価値を考える際に注意しなければいけないことは、「不動産のブランドは時代とともに変わる」ということです。例えば、駅近くにタワーマンションが林立して近年人気の武蔵小杉は、以前は、どちらかと言えば工場地帯で利便性の割に人気

があるといえる場所ではありませんでした。また、近年おしゃれな街として人気な恵比寿も元々は下町と思われている土地でした。

　一方で、昔から人気のあった成城学園や田園調布などは相変わらず一定の人気は保っていますが、最近は以前ほど強固なブラントではなくなっているようにも思われます。ちなみに、東京を例に述べると、もともとは中央線沿線から山手線にかけての南西側のエリア、いわゆる「城西」「城南」エリアが住宅地としては人気が高く、逆に城東エリアは利便性の割には人気がなかったのですが、最近はむしろ通勤の利便性と地価の相関関係から城東エリアが再評価され、人気も高くなっています。ただし、城東エリアには、前述の地盤の問題や水害等の問題がある地区もありますので、この地区では物件の検討をするときは、雑誌等での人気だけで判断するのではなく、前述のハザードマップ等も確認したうえで購入の可否を判断するべきでしょう。

　いずれにしても、小さなお子さんがいる場合には学校区は重要ですし、名刺に自宅住所を印刷する職業の人たちは、人気の地区に住むことが信用にもなることから一定のこだわりをもつことは必要とですが、その時々の人気のみをバロメータにマンションの購入地を選択するのではなく、いろいろな観点から判断すべきです。

◇　**参考：スモールシティ化の影響**

　大都市圏の郊外部や地方都市においては、今後はスモールシティ化が進む可能性が考えられます。地方自治体が都市機能を維持するためには、給排水管や道路等のインフラを維持する必要がありますが、人口減少社会のなかで住宅が点在するような状態ではこれらのインフラの維持に膨大な費用がかかることから、今後は多くの自治体で中心部への人口の集約を図ることも想定されます。

　マンションの多くは、中心部もしくは中心部に近い立地に所在していますが、明らかにスモールシティ化の概念から外れるような立地にあるマンションは将来的には転売等も難しくなることが想定されますので、結果として資産価値も大幅に下落する可能性があると考えておく必要があるでしょう。

　もっとも、スモールシティ化も世間で言われるほどは進んでいないという新

聞報道もあります。現実に、スモールシティ化を推進している行政が一方で郊外の住宅開発も認めている現状について疑問視する声もあるようです。

2-1-6 | 土地についての制約

土地にかかる法律や条例上の制約も無視できない

　わが国では、建築基準法や都市計画法といった法律や、地方自治体が定める条例などによって建物の建築をする場合に一定の制約が課されています。マンションの場合は出来上がったものを購入するため土地の制約には興味がないという人も多いかもしれませんが、長い目でみると、土地に係わる制約が物件価値を決めることもありますし、近隣の環境などについてもこれらの制約が影響を与えますので、この点も無視すべきではありません。

　土地の制約については、マンションを購入する際に「重要事項説明書」として交付される書面に細かなことが書かれています。この重要事項説明書は、まさにその不動産について重要な事項が書かれていることから非常に重要な書面なので、マンションを購入する場合にもこの内容をしっかりと理解したうえで契約に臨むべきでしょう。

　さて、土地に係わる制約の代表的な事項についてみてみましょう。

1）用途地域

　用途地域とは、都市の環境の保全や利便性を増進したりするために、地域ごとに建築できる建物の用途を制限したものです。大きくは「住居系」「商業系」「工業系」に分かれており、それぞれの用途地域ごとに建築できる建物は異なります。ちなみに上記の分類で分けると、用途地域は以下のようになります。

　なお、マンションは工業専用地域以外の地区ではどこでも建築することがで

2-1 立地 **37**

図表 2-5

用途地域
- 住居系　第一種低層住居専用地域、第二種低層住居専用地域、第一種中高層住居専用地域、第二種中高層住居専用地域、住居地域、準住居地域
- 商業系　近隣商業地域、商業地域
- 工業系　準工業地域、工業地域、工業専用地域
- その他　田園住居地域

きますが、住居系の地区は基本的には高層建築物を建てる際の制約が強くなっています。そのため例えば、南側隣地に広い空き地がある場合でも、その土地が第一種低層住居専用地域のように特に建築についての制約が厳しい場所であれば、最大でも3階建てくらいまでの建物しか建築することはできませんし、住居地域のように住居系の地区の中でも比較的制約が緩い地区に指定されていたとしても、高層の建物を建てるには一定の制約を受けることとなります。これに対して、商業系や工業系の地区では比較的高層建築を行いやすいため、これらの地区に該当する場所で南側隣地にまとまった大きさの土地があるときは、その場所には将来的に高層建築物が建つことも十分に考えられることになります（もっとも用途地域や、次に述べる建ぺい率や容積率は、都市計画の変更により、将来的には現状とは変わることもあります）。

なお、住居系の地区でも第一種低層住居専用地域の制約が一番厳しくなっていて、次は第二種低層住居専用地域、第一種中高住居専用地域の順に制約は緩くなります。

2) 建ぺい率・容積率

建ぺい率は土地の面積に対する建物の建築面積の制限を、容積率は延べ床面積の制限を示します。建築面積とは、「建物の水平投影面積」といわれていますが、1階部分の床面積に加えて、ピロティのように外壁はないものの柱で囲まれた部分についても建築面積に参入されます。

容積率は、各階の床面積の合計となります。なお、地下住戸については、天井が地盤面から1m以下のときは、全床面積の1/3までの部分は容積率に算入されません。そのほか、共用廊下や共用階段、エントランス等は容積率の計算

38 第2章 マンションを購入する場合の立地や建物の判断基準

図表 2-6 都市計画上の容積率が 400 %地区である場合の前面道路による容積率の違い

	幅員4m道路	
幅員20m道路	甲土地 容積率400% 消化可能	乙土地 消化可能容積率は 240%

から除外されます。

　なお、建ぺい率や容積率は、建築面積や延床面積が土地の面積に対して「○○％」まで供されるかを意味しています。例えば、500 ㎡の土地で建ぺい率が80 ％で容積率が 400 ％の場合は、建築面積は 400 ㎡（＝500 ㎡×0.8）、延べ床面積は 2,000 ㎡（＝500 ㎡×4）までの建築をすることが可能となります（**図表2-6** の甲土地のような場合）。

　もっとも、容積率の計算をする場合には、都市計画で定められている容積率以外に、前面道路の幅が 12m 以下の道路の場合には、道路幅によっても制約を受けます。具体的には住居系の用途地域においては、前面道路の幅×0.4 が、また商業系や工業系の地区では前面道路の幅× 0.6 が容積率の上限となります。そのため、上述の 500 ㎡の土地で容積率が 400 ％（仮に用途地域が商業地域であるとする）であっても前面道路の幅員が 4m しかないときは、4 × 0.6＝2.4（＝240 ％）までの容積率しか利用することはできません（**図表2-6** の乙土地のような場合）。

3）建物の高さにかかる制限

　建物の高さにかかる制限にはいろいろなものがあります。代表的なものは「北

側斜線制限」や「道路斜線制限」です。

北側斜線制限とは、北側隣地に対して一定の採光を確保するために、北側隣地の境界線から一定の高さの点から一定の割合で設定した斜線の範囲内で建物を建築する旨を定めた制限です。

これに対して、道路斜線とは、道路の反対側から一定の斜線を立ち上げてその斜線の範囲内で建物を建築する旨を定めた制限です。道路側から見た建物の圧迫感を緩和し、道路に一定の採光等をとることができるように定められた制限となります。

4) そのほか

第一種中高層住居専用地域、第二種中高層住居専用地域、第一種住居地域、第二種住居地域、準住居地域においては、隣地との境界から20m立ち上げた点から一定の割合の斜線をひき、その斜線の中に建物が収まるような計画とする必要があります。

また、絶対高さの制限がある地区もあります。なお、この絶対高さの制限により、例えば、近隣に10階建てくらいまでの高さの建物しか建てることができない地区であっても、築年数がある程度経過している建物の中には13階建てや14階建ての建物が存在することがあります。建築の制約は近隣でも異なる可能性がありますので、その建物が建っている場所は制約が異なることもありますが、一方でそれらの建物は現在の規制が導入される前に建てられたものであることも考えられます。

このように、その建物が建てられたときは当時は合法的に建てられたものの現行の建築基準には当てはまらない建物は「既存不適格建物」と呼ばれます。既存不適格建物は、現状維持をする限りは特に問題はありませんが、将来的に建物を建て替えるようなときには、今と同じ大きさの建物に建て替えることができないことは知っておくべきでしょう。

5) 防火指定

大都市部を中心に、「防火地域」あるいは「準防火地域」の指定がされてい

る地区があります。密集地では火事が発生すると大きな災害につながる可能性が高いため、建物の主要構造部分には耐火性の強い素材を使うことが求められるため、このような規制が設けられていることがあります。

まず、防火地域では延べ床面積が 100 ㎡までの準耐火構造の建物の建築は可能ですが、それ以上の大きさの建物を建築する場合は耐火構造の建物でなければ建築することができません。

また、準防火地域においても、階数が 4 以上か延べ床面積が 1500 ㎡を超える建物については耐火構造にする必要がありますし、階数が 3 以上または延べ床面積が 500 ㎡を超える建物についても準耐火構造以上の建物とする必要があります。さらにそれより小さな建物についても一定の防火基準を満たすことは必要となります。

なお、防火地域も準防火地域も、1 階の部分は隣地境界から 3m 以内、2 階以上の階については、隣地境界から 5m 以内に設置する開口部については防火構造にすることが求められています。密集地等にあるマンションでは、隣地境界から近いところに設置されている窓に網入りのサッシが使われているようなことがありますが、主としてこの防火指定を満たすために用いられているものと考えられます。

6) 接 道

建築基準法上では、道路に 2m 以上接していない土地には建物を建築することができないこととされています。もっとも現実にマンションが建っている土地でこのようなことは基本的にはありませんが、古いストックマンションの中には 5-3-2 に示すように、マンションを建築するために建築確認許可を取得したあとにマンションの分譲会社等が道路に接する部分の土地を分筆してその部分を分譲していない（道路に接する部分の土地の権利は売主等がそのまま所有し続けているような場合）こともあり、結果的にマンションが建っている土地は道路に接していない状態になっていることもあります。

そのほか条例等で様々な制約を設けているケースがあります。例えば、路地奥の土地には集合住宅の建築を制約する条例を設けているケース、前面道路の

幅により、建築可能な建物の延べ床面積の上限を定めているケース等が考えられます。

また、2）で述べたような道路の幅によって容積率の制約を受けることがあります。

7） そのほかの法的な制約、条例

そのほかの法的な制約で主要なものとして、日影の規制を挙げることができます。具体的には住居系の地区については地区内の住宅に一定の日照を確保させるため、冬至の時点において地盤面から一定の高さの場所において一定以上の日照を確保することが義務付けられていることが少なくありません（日影規制については、築年数の古いストックマンションの購入に際しては注意が必要なことがあります。詳しくは 5-3-1 を参照してください）。

そのほか、住宅地の場合には一定の住環境を確保するために建築協定が設けられていることもあります。建物を購入する際にこうした事項のすべてを理解することは困難とは思われますが、特に重要事項説明書の記載事項の中でわからないことがあれば、購入時に重要事項説明書の内容を説明する宅地建物取引士に確認をとっておくべきでしょう。

以上のほか、土地の形や面積等も土地に対しての制約要件となることもあります。

2-1-7 ｜ ミクロレベルでの立地の評価

住んでいる人ならばわかっている情報にも重要なものがある

これまで述べてきた事項の中で、立地の中の「沿線」、「土地の性質」、「土地のブランド」、「法的な制約」はマクロレベルでの土地の評価となります。これ

に対して、「立地を取り巻く環境」について考えるときには、「立地とその周辺」というミクロレベルの情報にも注意が必要なものがあることも理解しておきましょう。

さて、マクロレベルでは優れた立地であっても、ミクロレベルでは問題があることもありますので、購入の検討に際しては **2-1-3** でも述べたように時間帯を変えて駅から現地まで歩いてみるほか、日照や通風、周辺環境（街並み、嫌悪施設の有無等）も確認しましょう。

以上の点に加えて、土地勘のない地区については、その土地の人に話を聞くと、その土地について思わぬ留意点がわかることがあります。日頃は気がつかない事項であるけれど、その土地に住むことを考える際には無視することができないと私自身が思った例を2つほど挙げさせていただきます。

① 春一番の時期に砂嵐のような状況になる地区

　　大都市のベッドタウンの、ある町の話です。その地区の南側には広大な畑が広がっているのですが、毎年春一番の時期になると、南からの風が乾いた畑の砂を舞い上げて目を開けて歩くこともできないような状況となることがあります。

　　このようなことは年に数回程度のことのようですが、この日に窓を開けたまま外出をしていると、部屋の中は大変なことになるそうです。この地区に住んでいる人は「当たり前のこと」と思っていますが、土地勘のない人は想像もできない事態であるといえるでしょう。

② 風向きによっては近隣の牧場の臭いが気になる地区

　　同じく大都市近郊のベッドタウンの話です。その地区はすでに開発が進んでいて、駅前から見渡す限りの範囲はマンションや住宅が並んでいますが、実は丘陵をはさんだ奥に、ある程度の規模の牧場があります。駅から住宅地までを歩いている限りは、牧場が近くにあることはわからないのですが、牧場の側から強い風が吹くと、牧場の臭いが町全体を覆うこととなるそうです。

ここに挙げたような例は、季節や風向きによって発生することであることから、土地勘のない人がたまたまその時期に現地を見に行かない限りは気がつかない事項です。もっとも地元の人はよくわかっていることですから、例えば、昔からある商店等で買い物をしながら店の人に町の特色を聞くことで、いろいろなことを知ることができます。住んだ後に後悔することを考えると、土地を判断する際にはこうした情報も重要といえるでしょう。

2-2 建物

2-2-1 | 建物で留意すべき事項

マンションは建物と土地共有持ち分で構成されている

　良い場所にあるマンションでも、建物そのものに問題があればマンションの資産価値が毀損されることになりかねません。「建物に問題がある場合」とは、建物の劣化や老朽化が著しいときに加え、建物の劣化や老朽化はひどくないものの「専有面積が著しく狭い」とか「天井高が低い」あるいは「間取りが悪い」等の理由により、建物が今現在の住まいに要求される水準を満たしていないことを指します。

　なお、建物の劣化や老朽化が著しくなる理由としては、次のような点を挙げることができます

- a. 築年数が著しく経過しているとき
- b. 建物の管理に問題があるとき
- c. 建物の施工に問題があるとき
- d. 上記の複数に該当するとき

　このうち、a.に関しては第5章のストックマンションの部分で、またb.の管理については第3章で考えることとします。

次に、c.の建物の施工に問題に関してですが、その典型として耐震偽装マンションのようなケースを挙げることができるでしょう。もっとも、この問題については、専門家による建物診断をしない限り判断は難しいので、とりあえずはマンション分譲会社や施工会社が信用できるか否かが1つの基準とならざるを得ないのですが、誰でも名前を知っている会社の分譲物件や施工物件だからといって絶対ではないことも確かです。ただし、問題があれば真摯に対応してくれる会社もありますので、売主のアフターサービスの体制や、様々な人からの情報等も総合的に考えて判断をすることになるでしょう。

1) インスペクションについて

最近では、インスペクターに依頼して購入物件のチェックする人も増えています。もっとも、せっかくインスペクターを依頼するのであれば、建物そのものの質を客観的に見てくれる人物を選定すべきでしょう。

顧客から一定の報酬を支払ってもらってインスペクションの依頼を受けている人の中には、「もらった対価相応の仕事をしていることを示すために重箱の隅をつつくような検査をする人もいます。もちろん、たとえ「重箱の隅」であっても、依頼者には気がつかなかった事項について指摘をすることを否定はしませんが、より重要なことはその建物が永く住むに堪えるものであるか否かについての総合的な判断ではないでしょうか。特にストックマンションについては、こうしたアドバイスがより強く求められてくるように思います。

もっとも、ストックマンションについては、建物の構造のチェックは管理組合の協力がないと困難ですし、現実には協力に応じない管理組合も少なくないわけですが、そのような場合でもわかる範囲でのアドバイスをしてくれるインスペクターを選択すべきでしょう。

個人的には、真の意味での建物の良否をアドバイスするインスペクションが広がることは、特にストック市場を健全なものとするためには重要なことであると考えています。

2) 建物の竣工時期や建物の管理費用について

なお、ストックマンションについては、建物の竣工時期によって留意が必要なこともあります。例えば、高度成長期のマンションでは海砂の問題を抱えていることもありますし、更に古くなり 1964 年の東京オリンピックの直前にできたマンションの中には施行がかなり雑なものもあるようです（この問題については **5-3** の各節を参照）。

さて、マンションの購入を検討する際に、建物に関して留意が必要な事項の2つ目として建物の管理や維持に係る費用の問題を挙げることができます。具体的には本来必要である費用をまかなうだけの管理費や修繕費を徴収していないことによる問題と、共用部分に無駄が多い等の理由で余計な支出が発生するため必要以上に管理費等が高くなっているマンションがあることを挙げておきます。

このうち必要な管理費や修繕費を納めていないことについての問題は **3-1-5** で、共用部分の問題については **2-2-8** をご参照ください。

2-2-2 | 間取りの見方（1）
間取りの変遷

マンションは建物と土地共有持ち分で構成されている

図表 2-7 は総務省が発表している住宅土地統計でみた、わが国の住宅の床面積の推移を示したものです。このデータは一戸建てもマンションも賃貸住宅も含めたものですので、必ずしもマンションの平均的な床面積を示しているものではありませんが、この図表からは 1998 年くらいまでは平均的な住宅の面積は年々広くなる傾向があるものの、特に 2003 年以降からはほとんど数字に変化がないことが確認できます。

図表 2-7 全国の住宅の平均床面積の推移

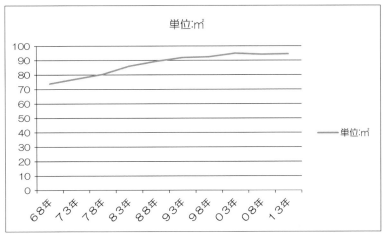

総務省統計局の住宅土地統計から著者が作成

　今後のことはわかりませんが、このデータから考えるとわが国の住宅の面積についてはほぼ一定の水準に達しているようにも思われます。

　なお、私自身の個人的な見解ですが、分譲マンションについては概ね2005年ころまでは面積が大きくなる傾向がありましたが、その後は面積が広くなる傾向は見られません。現実に、新築マンションの販売チラシ等を見ても、東京周辺であれば70㎡前後の3LDKの供給が続いています。この理由は、マンションの分譲価格が高くなっていることも1つの要因ですが、平均的な世帯人数の減少も要因として挙げることができるのかもしれません。

　さて、ここ30年くらいのマンションの間取りの変遷を見ていると、専有面積以外に次のような点を特色として挙げることができるのではないかと思います。

a. 水回りの充実。特に浴室のサイズが大きくなったことと、キッチン回りが良くなっていること。
b. 収納の充実。全体的な収納量が増えていることと、特に玄関回りの収納が充実してきている（玄関収納のサイズのほか、シューインクロークの

48　第2章　マンションを購入する場合の立地や建物の判断基準

設置等）傾向がある。

c. 洋室化。以前は、少なくとも 2LDK 以上の間取りの場合には、個室の一部屋は和室を作っていたが、昨今では 3LDK 以上の間取りでも和室がないものが多い。

d. その他。24 時間換気、オートロック等、設備面で標準仕様に採用されているものもある。特にオートロック等のセキュリティについてはかなり進化している。

　ところで、専有部分の面積が変わらずに、キッチンや浴室が広くなり、また収納量が充実しているということは、そのしわ寄せがどこかに表れている可能性があるものと思われます。個人的には、水回りや収納と LDK 以外の部分、すなわち各個室部分に影響がでているように感じています。特に 70 ㎡を切るような間取りのケースではこの傾向が顕著に表れることがあります。

　図表 2-8 ①は、1995 年くらいに分譲された約 78 ㎡の分譲マンションの間取りで、**図表 2-8** ②は 2016 年ころに分譲された約 82 ㎡の分譲マンションの間取りです。間取りの構成はほぼ同じですが、専有面積が一坪強小さい **2-8** ①のマンションのリビングを除く居室の畳数は 17.8 畳であるのに対して **2-8** ②は 18.5 畳となります。リビングダイニングは **2-8** ②のほうが 1.3 畳大きくなっていますが、実際には台床の脇のデッドスペースが **2-8** ②のほうが若干大きくなっているので差はもう少し小さくなります（なお、ここで挙げた事例は 80 ㎡前後の広めの 3LDK であることと、2 つの事例ともよく考えられた間取りであるため、居室にも極端な違いはでていません）。

　ある意味では比較的似た間取りとも言えますが、この 2 つを比較検討すると大きな違いは次の 3 点といえるでしょう。

①　**2-8** ②のほうが収納量が多い

②　**2-8** ②のほうが水回りが充実している（特に浴室の大きさ）

③　**2-8** ①は和室があるが、**2-8** ②は洋室のみの構成となっている。

2-2 建物　49

図表 2-8 ①

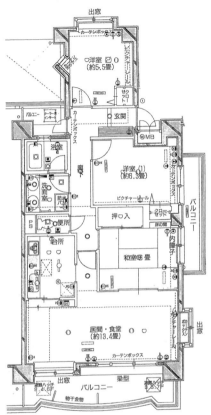

図表 2-8 ②

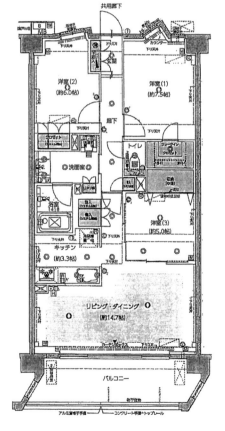

2-2-3 | 間取りの見方(2)
柱型・梁型の問題

多くのマンションに共通する留意点

　ストックマンションを購入するときは、物を見てから判断することが可能ですが、新築マンションを購入する場合には、図面とモデルルームから購入の可否を決めることが多くなります。建物が完成する前に販売する手法を、業界では「青田売り」といいますが、この青田売り物件については、マンションを購入する側の図面を読み解く力の有無が物件を判断するうえでとても重要となります。

　ところで、間取りを見る際に注意しなければいけない事項として「柱型」と「梁型」の問題があります。柱型とは、部屋の中に張り出している柱の部分を、また梁型とは天井から張り出している梁の部分（**図表2-9**）を指します。特に高層マンションの低層階部分ではこの柱型や梁型が大きくなることもありますが、柱型は家具レイアウトに影響を与えますし、梁型も出る場所によっては圧迫感もあります。加えて、照明の使い方にも影響を与えることもあるので十分にチェックしてください（なお、梁型は間取りの図面で明らかに確認をすることができますが、梁型については図面上は点線で示されているため、図面を読みなれない人にはかなりわかりにくいものと思われます）。

　なお、最近は居室の天井高は 2.5m 以上あることも普通になってきていますが、大きな梁型が出ている場合には、梁型の下の部分は 2m ～ 2m20㎝くらいであることが多くなっています。図面でマンションを購入するようなときにはこれらの点も確認するようにしてください。

　ちなみに**図表2-8**②では、LDK に隣接する洋室(3)の（約5.0帖）の記載の下に点線が表示されていますが、これは「ここに梁型がでている」ことを示しています。窓がないこの形状の洋室は、予備室となるのかもしれませんが、

部屋の中央に近い場所に大きな梁型がでるとかなりの圧迫感がでてきます。

なお、部屋の中に梁型が出てくると**図表 2-10** のようになります。この写真の場合は、梁の出が天井から 30 センチほどですが、部屋の中ではかなりの圧迫感を持っています。

図表 2-9　梁型の例

図表 2-10　部屋の中央に梁が出ている例

2-2-4 | 間取りの見方(3)
家具レイアウトができるか否か

実際には家具の起きにくい間取りもある

マンションの間取りの中には、家具レイアウトが困難と思われるものをみることがあります。

実は、初期のころに分譲されたマンションには、専有面積は広くないものの部屋の使い勝手はよく考えられたものもありました。例えば、和室でも「箪笥置き場」としての板ダタミを設定している間取りも少なくなかったことや、面積のわりに収納が充実しているものもあったこと等をその例として挙げることができます（**図表2-11①**）。

図表2-11① 1956年に分譲された公団住宅の間取りの例

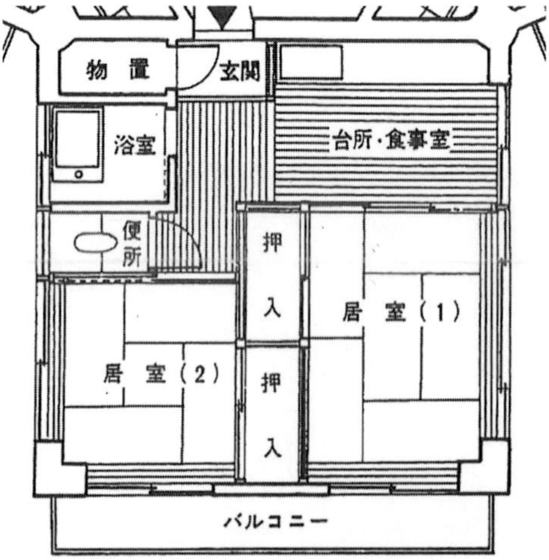

この間取りには風呂の脱衣所もなく、洗濯機置き場もない等の問題はありますが、一方で40㎡前後の2Kの間取りであるにもかかわらず、収納量は多く、また和室には板ダタミがある等の配慮を見ることができます。

しかしながら、その後に供給されたマンションの中には、家具レイアウトを全く考慮していないのではないかと思われるものをみることもあります。

ところで、**図表2-11**②は、**図表2-11**①から7年後の1963年に分譲されたマンションですが間取りは3Kとなっているものの、板ダタミ等はなく収納も**図表2-11**①よりも少なくなっています。

これに対して、最近のマンションは建物のスペックや設備も向上していますし、間取りもよく考えられたものが増えてきていますが、一方で前述のように専有面積は20年くらい前と変わらないなかで、**2-2-2**でも述べたように浴室等の水回りや充実していますし、収納も相対的に増えたことから、マンションによってはリビング以外の各居室の面積が狭くなってしまい、結果として家具レイアウトが難しい部屋が作られていることもあります。

そのため、マンションの購入の可否を検討する場合は、マンションの間取り図に手持ちの家具を置くことができるかどうかの検討も必要です。

図表2-11② 1963年に分譲されたマンションの間取り例

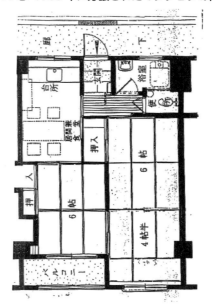

例えば、マンションの間取り図が100分の1で書かれている場合は、1cmが1mに相当します。仮に、今使っているベッドが2.2m×1mの大きさであれば、2.2cm×1cmとして図面上にレイアウトすればよいのです。なお、レイアウトできるか否かが判断できないようなときは、マンションの販売担当者に部屋の正確な寸法をヒアリングしましょう（加えて、家具レイアウトの際には、扉や収納の開け閉めの可否も確認するようにしてください）。

なお、家具レイアウトとともに、コンセントが使える位置にあるか否かについてもチェックすることをお勧めします。

最近のマンションでは、コンセント以外にテレビのアンテナ配線や電話の敗戦等を含めた「マルチメディアコンセント」を設置していることが多いと思いますが、マルチメディアコンセントはあるものの、「その位置にはテレビが置けない」という笑えないケースもあるからです。また、明らかに家具を置く位置にコンセントが設置されているため、事実上そのコンセントが使えなくなっていることもあります。

一戸建て住宅の場合と比較すると、マンションはコンセントを設置する際にも一定の制約を受けることもありますので、その設置場所の検討は難しいことは事実ですし、やむを得ないこともあることは確かです。ただし、実際のその住戸に住む側からすれば、間取りもコンセントもより便利で使い勝手が良いに越したことはありませんので、このような点にも注意をはらうべきでしょう。

2-2-5 | 間取りの見方(4) 家電が置けるか否か

意外に見落としがちな点

前節では、家具レイアウトの話をしましたが、同じような問題として家電のレイアウトの可否を挙げることができます。

家電の中でも冷蔵庫、洗濯機、テレビ、エアコン等についてはその設置場所は間取りの中である程度決まっています。しかしながら、そもそも家電製品は、それまで住んでいた住宅の間取りに合わせて購入されているため、それらが新しい家の間取りに合わないと、その家電を必要な場所に置くことができなくなりますし、場合によっては買替えを余儀なくされてしまうこともあります。

その意味では手持ちの家電を新しいマンションで置くことができるかどうかの検討も必要です。また、住宅を購入する際に、これらの家電を新規に買い替える場合においても、購入を予定している家電が設置できるか否かの検討が必要となります。

まず冷蔵庫ですが、キッチンの脇にレイアウトする間取りとなっているときは、おのずと幅の制約を受けます。さらに冷蔵庫については単に置くことができるだけでなく、扉を開ける際に支障があるか否かのチェックも重要です。具体的には、片扉の冷蔵庫は、扉を開ける方向に壁があると、壁との間に少し余裕がなければ使いにくくなります。なお、観音開きの冷蔵庫を選択する場合にも同じようなことについてチェックすることが必要でしょう。

次に、洗濯機ですが、まず防水パンのサイズをチェックしましょう。ところで、細かなことを述べると、防水パンの排水溝の位置にも注意が必要です。洗濯機によっても排水パイプの位置も異なるためです。

また、エアコンについては、エアコン専用コンセントとエアコンを設置する壁の補強工事がされていますが、例えば、エアコンの設置場所がカーテンボックスの上にあるような場合には、念のためカーテンボックスと天井の間にエアコンが設置できるかどうかも確認してください。新築マンションではこのようなことはほとんどありませんが、ストックマンションの中には、注意が必要なものが散見されます。

最後にテレビですが、最近はテレビのサイズが大きくなってきています。そのため、間取りによっては、掃き出し窓にテレビがかかるようなこととなります。テレビを設置する際にはマルチメディアコンセント（中古マンションの場合は、テレビのアンテナ配線）の位置が重要となりますが、前述のとおり、特にリビング以外の部屋ではマルチメディアコンセントがある場所に、事実上テ

56 第2章 マンションを購入する場合の立地や建物の判断基準

レビを置くことが困難なケースがあります。このようなところにもご留意ください。

2-2-6 | 間取りの読み方(5) 回路設計

回路の設計について

「回路の設計」とは何やら難しそうなタイトルで恐縮ですが、先ほどの家電にもかかる問題ですのでおつきあいください。みなさんのなかで、電気の消費量が多い家電製品（例えば、ホットプレートとホットカーペット）を同時に使って、ブレーカーを落とした経験をお持ちの方もいらっしゃると思います。回路の設計とは、このことにも関係する内容となります。

多くの家庭では電力供給会社と契約を結ぶ中で、30Aの契約、あるいは40Aの契約を結んでいるものと思われます。ところで、この電力供給会社との契約で設定しているアンペア数は、住戸全体で利用できる電流量の上限を示すものです。ところで、先ほどのケース、すなわちホットプレートとホットカーペットを同時に使ってブレーカーが落ちるケースですが、これは電力供給会社との契約でアンペアを上げたからと言って解決できる問題ではない可能性があります。

図表2-12をご覧ください。これは40Aの契約をしている家の分電盤の写真ですが、仮に電化製品を使っていてメインのブレーカー（40Aと表記された箱の部分）が落ちる場合は、契約の電気量を上げることで問題は解決できるのですが、落ちているのがメインのブレーカーではなく個々のブレーカーだとすれば、電力会社との契約アンペアを上げたとしても問題の解決にはなりません。例えば、**図表2-12**のケースで12個ある個々のブレーカーには、そのブレーカーが管轄する箇所が表記されています。例えば、一番左上のブレーカーには

図表 2-12

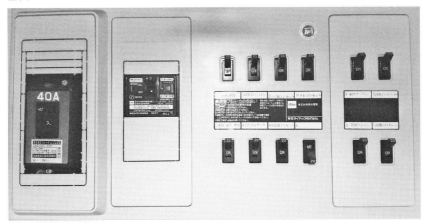

「台所の照明・居間」とあり、その下のブレーカーには「洗面・廊下・和室」と記載されています。また、「台所・居間」の右隣は「洋室1・2」とあり、その下は「台所コンセント」と表記されています。

　このケースは、「台所の照明と居間の照明及びコンセント」で1つの回路を構成しており、「台所のコンセント」で1つの回路を構成していることを意味しています。なお、台所についても電子レンジは独立でコンセントが1つ設けられています（洋室1・2の右隣）し、各部屋のクーラーは、別々に回路が設定されています（一番右側の4つのブレーカーは居間、洋室の2部屋及び和室のクーラー用の回路となっていることを示しています）。

　ところで、回路について是非ご理解いただきたい点は、1つの回路で利用できる上限は20Aであるという点です。つまり、**図表2-12**の例で考えると、居間のコンセントや照明はすべて同じ回路を使っているため、居間のコンセントからホットカーペットとホットプレートの電源を取ってこの部分のブレーカーが落ちるのだとすれば、住戸全体の契約アンペア数を上げても同じ状態が続くことになるという点です。さて、この回路設計では、台所のコンセントは別の回路となっており、また、台所でも電子レンジ用のコンセントは別回路となっているため、例えば、ホットプレートの電源は台所から持ってくるだけで

問題は解決できることとなります。

一方で、仮に台所と居間のコンセントも照明も含めて同じ回路になっているとすれば、他の部屋から延長コードでコンセントを引っ張ってこない限りこの問題は解決しません。こうしたことから、実は回路設計は非常に重要であることが理解できるでしょう。

ところで、中学校の理科の時間で習った話ですが、アンペアとは電流量を示す単位であり、1A＝100V×100Wとなります。わが国の家電製品は、基本的に100Vですから、20Aが1つの回路の上限ということは、1つの回路で同時に利用できるワット数は2,000Wということになります。そのため、現在供給されている多くのマンションでは、電気容量の大きな家電製品については専用回路を設けています。具体的にはエアコン、電子レンジ、ウォシュレット、乾燥機等が相当するでしょう。

図表2-12の場合は、前述のようにエアコンや電子レンジは専用回路になっているほか、トイレや洗面所のコンセントも専用回路となっていますので、ニーズには的確に対応した設計になっているといえるでしょう。

ところで、新築のマンションではこうした点に対応できているものが大部分であると思われますが、築年数の古いストックマンションでは必ずしも対応ができていないものが多くあります。

図表2-13は、1985年ごろに供給された3LDKのマンションの分電盤ですが、

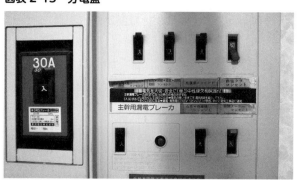

図表2-13　分電盤

居間とメインベッドルーム以外はエアコン用の専用回路が設けられていません。そのためメ居間とインベッドルーム以外の部屋でエアコンを使う場合には、普通のコンセントから電源を取らざるを得なくなりますし、そうなると他の部屋も含めた電気の使い方を工夫しいなければいけなくなることとなります。

2-2-7 間取りの見方(6)
基本的な間取りの構成

部屋の構成による特色は？

1) リビングダイニングの構成の基本

　南側に広く間取りをとることができているマンションを除くと2LDKや3LDK等の間取りでは**図表2-14**のように、主たる採光をとる側にリビングとプライベートルームを2部屋を置くケースと、前掲の**図表2-8**①や**2-8**②のように主たる採光をとる側に広くリビングを設置するケースと2つのタイプがあります。

　図表2-8①の間取りは、リビングルームの日照がよくなることと、ある程度間取りが広い場合はダイニングコーナーとリビング部分を分けることができます。家族の団欒を主に考えると優れた間取りであるといえるでしょう。ただし、この形態の場合は、**図表2-8**①のように角部屋である場合を除き、リビングに隣接する部屋は窓がない部屋になります（**図表2-8**②参照）。そのため、客間等の予備室として使う場合を除くと、部屋としての使い勝手には問題がでてきます。

　逆に、**図表2-14**のような間取りであれば、各部屋とも採光を確保することが可能となりますが、リビングの使い勝手は**図表2-8**①や**図表2-8**②の場合よりも悪くなります。

図表 2-14

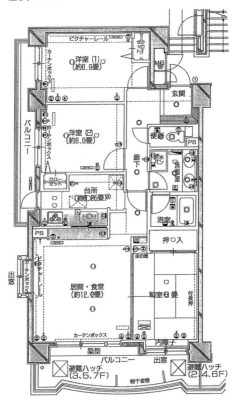

　このようなことを理解したうえで、実際の家族構成も考えて間取りの判断をするようにしましょう。

2）風の抜け道

　窓があると、採光とともに通風環境もよいように感じる人が多いと思いますが、基本的には入口があっても抜け道がないと通風の確保はできません。
　そのため、角住戸以外では、夏場に部屋に風を通す場合には、すべての部屋の窓と扉を開けて通風を図ることが必要になるでしょう。例えば、**図表 2-8**①の洋室(1)は、リビングの窓と扉および洋室(1)の扉と窓を開けることで、は

じめて洋室(1)の通風を確保することが可能となります。これに対して**図表 2-8 ①**のリビングや洋室(2)は、窓が2方向にあるため、同じ部屋の中でも通風が確保できます。一方で**図表 2-14**は角住戸であるもののリビング以外の各洋室の窓はそれぞれ1か所しかないため、部屋だけで通風を確保することはできません。

なお、**2-1-3** で述べたように雁行型のマンションでは、角部屋の部分については窓の配置が工夫されているときは通風の確保も可能となります。

2-2-8 | 共用部分について

豪華な共用部分は維持費もかかるので、必要な施設か否かを見極めることも重要

最近のマンションは共用部分が充実しているものが多いのですが、個人的には「やりすぎではないか」と思えるようなものも見受けられます。

世の中の流れとしては、バブル時とは異なり「身の丈の生活」がライフスタイルの主流となっている昨今ですが、マンションについては必要以上に共用部分の充実が求められているように思います。もちろん、マンションの顔としてのエントランスは重要だと思いますし、必要な共用部分についてはマンションの格を保つことができるレベルにすることも重要でしょう。しかしながら、共用部分が豪華になるにしたがって、その維持にもお金はかかることになります。このようなことを考えると、例えば「フィットネスルーム」や「最上階のラウンジ」までの施設が本当に必要でしょうか？

もちろん、いわゆる「億ション」と言われるような高級レジデンスの場合には、豪華な共用施設があってもよいと思いますし、居住者も高額所得者が前提になることから、高額な管理費も許容できるものと思われますので問題はありませんが、普通の人が購入するマンションで必要以上に豪華な設備や施設があ

図表 2-15

想定される共用施設	個人的な評価
エントランス周りの充実	華美なものとする必要はないが、マンションの顔として一定の水準の物であることが望ましいと思われる。
多目的室	管理組合の総会や理事会等を行うことを考えるとあったほうが良い（マンションの規模にもよる。）。
キッズルーム	子供が成長すると使わなくなる可能性が高いため、個人的には多目的室等を準用すべきではないかと思う
ライブラリー	基本的にはあまり使わないのではないかと思われる。特に、多量の書物を置いておく必要はないだろう。
フィットネスルーム	基本的には不要。マシン等の設備がある場合には、定期的なメンテナンスも必要となる。
プール	水の管理、安全の管理等に費用と手間がかかる。基本的には維持が大変な施設の1つと考えられる。
音楽演奏室	基本的には利用者も限られ、使用頻度も高くないものと思われる。多目的室と兼用であれば問題はないと思われる。
パーティルーム	実際に、継続的にパーティをするか否か
ゲストルーム	利用したいときは他の人が使っていることはないか

ると、その維持のためにかかる管理費が将来的には大きな負担になる可能性があることを理解したうえで購入の可否を検討すべきだと思います。

　そのほか、エントランスにグランドピアノを置いているようなマンションも見ることがありますが、調律も大変ですから利用しないことが多いものと思われます。また水盤を作っているケースもありますが、実際には維持が大変なため水を抜いていることも少なくないようです。

　マンションの「見た目」も重要ですが、維持するための負担も意識しながら物事を判断することを忘れないようにしましょう。

第3章
マンションの管理について
考えよう

3-1 管理組合

3-1-1 | マンション管理の必要性

資産価値を維持するためには、適切な管理が不可欠であることを知らなければいけない

　マンションは自分の住まいとして所有する場合はもとより、投資目的で所有するとしても、所有者にとっては大切な資産です。現実に、特に新築のマンションを購入するときには少なくとも数千万円単位の資金が必要となりますし、ストックマンションについてもその多くはかなりの価格で売買されています。しかしながら、大枚のお金を支払って購入した貴重な資産であることに加えて、多くの人は購入後に住宅ローンの支払いにも追われているはずなのですが、「大切な資産であるマンションの資産価値をどうやって維持するか」ということについて考えることを放棄しているように見える人は少なくないように思われます。

　ところで、「資産価値の維持について考えることを放棄している」とは、マンションの区分所有者の側からすれば聞き捨てならない言葉かもしれません。現実に多くの区分所有者は、専有部分の内部は丁寧に使って、かつきれいにディスプレイしているものと思われますし、必要に応じて修繕やリフォームもしているかもしれません。しかしながら、マンションは専有部分と共有部分で構成

されている不動産ですから、専有部分をいくら良い状況で管理していたとしても共用部分の管理がずさんであれば築年数がそれほど経過していなくても建物は劣化してしまいます。もっと言うならば、専有部分の管理の良さは部屋の中に入らないとわかりませんが、共用部分は外部からも目につくわけですから、共用部分の劣化が顕著になるとマンションの資産価値の下落につながるはずです。

さて、マンションの共用部分を維持管理することは管理組合の業務です。管理組合が日ごろからマンションの管理を熱心に行うとともに、区分所有者もそのために必要な資金を積み立て、総会にも積極的に参加する等して管理に協力していれば、マンションは適切に管理できるでしょう。ところが、実際には役員の担い手が不足しているという管理組合の話や、総会を開いても出席者はほとんどなくて委任状さえ集めることに苦労しているという管理組合の話もよく聞きます。現実に、東京都が 2013 年に行ったマンション実態調査（以下「マンション実態調査」といいます）によると、マンションの管理についての問題事項として「管理組合員の無関心」を挙げている管理組合が 43.1 ％、また「理事の担い手不足」を挙げている管理組合が 32.8 ％となっています。

仮に、多くの区分所有者がマンション管理に関心がないのだとすれば、マンションを適切に管理することはできませんし、その状態が続くと建物の劣化も早く進む可能性が高くなります。そして、その結果として大切な財産であるはずのマンションの資産価値も下落することにつながるでしょう。

バブル崩壊後に、あるマンション分譲会社が販売途中のマンションの値下げ販売を行った時に、値下げ前にそのマンションを購入していた区分所有者らが「値下げ販売はマンションの資産価値の下落を招く」などとして訴訟にまで至る大騒ぎとなったことがありました。このように区分所有者は、本来はマンションの資産価値が下落することは嫌うはずなのですが、一方で管理組合には積極的に関与しない人が多いという現実は、考えていることと行動とに大きな矛盾があるともいえるでしょう。

以上から、マンションの管理は資産価値を維持するための活動であると考え、マンションの区分所有者になったときには、積極的に管理組合活動に参加されることをお勧めします。もちろん、資産価値が維持されるということは、その

66　第3章　マンションの管理について考えよう

結果としてマンションを住みやすい状態で維持されることにもつながります。マンションの管理については、様々な本がありますので、具体的な内容はそうした本を参照していただくとして、本節では、マンションの管理を考えるに際して、基本的に抑えていただきたい管理組合活動の概要と規約について簡単な解説をいたします。

　いずれにしても、多くの区分所有者は、そろそろこのことに気づいて、マンション管理に積極的に参加すべき時期に来ているのではないでしょうか。

3-1-2 ｜ 管理組合とは

管理組合とはどんな団体か

1）管理組合とは？

　管理組合とは、マンションの区分所有者で構成される団体で、その基本的な目的は区分所有者全体の共有財産である共用部分等の維持管理です。なお、管理組合には法人格をもつ「管理組合法人」もありますが、多くの管理組合は法人格を持たない任意団体です（マンション実態調査では、法人格を持つ管理組合は7.4％となっています）。

　ところで、マンションは一般的には管理組合で管理をしていますが、区分所有法をよく読んでみると、この法律の中では「管理組合法人」についての定めはあるものの、法人格を持たない「管理組合」という言葉はどこにも書かれていないことに気づきます。ただし、区分所有法第3条では、区分所有者は全員で建物と敷地と附属施設を管理する団体を構成することとともに、その団体は区分所有法に基づいて規約を定めること、総会（区分所有法では「集会」と規定しています）を開くこと、及び管理者を置くことができる旨の規定がおかれています。そして一般的にはこの区分所有法第3条で規定されている団体が管

理組合であると解されています。

　このことから、管理組合とは「マンションの共用部分の共有者の集団」を示す呼び名であると考えるほうが良いのかもしれません。すなわち、そこにマンションがあって、マンションに2人以上の区分所有者がいれば、それぞれの区分所有者が意識しているか否かにかかわらず実態としてマンションの共用部分の共有者としての集団は存在することになります。一般に共有物に関しては、その管理や処分については共有者相互間において合意形成をすることが必要となりますが、マンションの場合は共有者団体としての管理組合で管理や建替え等について、法律や規約に基づいて開催する総会の決議によりそれらの手続きを進めることが可能となります。

　繰り返しになりますが、2人以上の区分所有者がいるマンションがあれば、組織としての管理組合を立ち上げているか否かにかかわらず、法律上当然にそのマンションを管理する団体が存在します。もっとも実際には、多くのマンションでは規約をおいたうえで「○○マンション管理組合」という組織を作っています。そして、その「○○マンション管理組合」は基本的には規約と管理組合の総会の決議事項をベースにして（規約は、区分所有法等の法律の範囲内で策定されている必要がありますし、そもそも総会の運営も法律と規約に基づいて行う必要があります）、活動しなければなりません。

2）管理組合の運営

　さて、管理組合の運営は、法律や規約に基づいて管理組合の総会で決議された事項を、理事会や管理者が執行する形態をとることが一般的です。具体的には、定時総会においてその期の事業計画（その期にどのような事業を行うかを定めたもの）と予算を定め、その事業計画と予算に基づいて管理組合は運営されます。

　そのため、期の途中で、その期の事業計画に定められておらず、予算も計上していない事業をすることとなった場合には、臨時総会を開いて事業計画と予算を修正したうえで、その事業をすることについての決議をしなければいけません。管理組合の運営についてあまり厳密なことをいうと「うるさい」といわ

68　第3章　マンションの管理について考えよう

れるかもしれませんが、区分所有者全員から集めた管理費や修繕積立金を使って全区分所有者のために共用部分等の管理を行うわけですから、活動はルール通りにきっちりと行う必要があると考えなければいけません。

　以上から、管理組合とは、本来はマンションの共用部分を適切に管理することで、マンションの居住性や資産価値を維持するために活動する団体であると定義づけすることもできるでしょう。

3)「管理組合がない」マンションについて

　ところで、特に築年数の古いマンションでは、「管理組合がないマンション」もあるといわれています。現実に、マンション実態調査では、「管理組合がない」と回答したマンションが6.5％ありましたが、この場合の「管理組合がない」とは組織化した管理組合がないことを区分所有者が認識している状況を指します。これまでも述べているように、法律上は組織化した管理組合はなくても、2人以上の区分所有者が存在するマンションがあれば、その区分所有者全員でマンションを管理する団体は当然に存在します。なお、組織化した管理組合がないのであるとすれば、そのマンションには規約もない可能性が高いものと思われますが、このような状態のマンションの区分所有者が共用部分の管理や変更をする場合には、区分所有法の規定により総会を招集してその総会で管理に必要なことを決議することで手続きを進めることとなります。

　さて、組織化された管理組合がなくても、区分所有法の手続きにより総会を開いて様々なことを決定することは可能ですが、現実には組織化された管理組合がない状態では、よほど優れた個人なり法人なりがマンションの管理者になっていない限りはマンションを良好な状態で管理することは難しいでしょう。その意味では、規約をもち、組織化された管理組合はマンション管理に不可欠な団体であることが理解できます。

3-1 管理組合　*69*

> ◇ **参考：管理組合法人とは**
>
> 　管理組合の多くは任意団体ですが、区分所有法では法人格を持った「管理組合法人」についての規定もあることから、現実に管理組合法人の仕組みを採用している管理組合もあります。前述のとおり、マンション実態調査では管理組合法人の割合は 7.4 ％となっています。では、任意団体である管理組合と管理組合法人とは何か大きな違いがあるのでしょうか。
>
> 　結論から言えば、法人格を持っているかいないかが大きな違いであり、法人格を持っているからと言って何か特別なことがあるわけでもありません。目に見える大きな違いといえば、法人格をもっていると登記がされているので、代表理事が変わるたびに登記の変更が必要となることでしょうか。一方で、法人格をもつため、法人名で銀行預金の口座を作ることもできます（法人格がない場合は、「〇〇マンション管理組合理事長△△△△」名義でないと銀行預金口座を開くことができません）。
>
> 　そのほか、管理組合法人については区分所有法で一定の定めがありますが、法人格を持たない管理組合と比較してマンションを管理する上で特別に大きな違いがあるわけではありません。
>
> 　なお、管理組合法人を設立する場合には、総会で区分所有者と議決権の各 4 分の 3 の決議が必要となります。

3-1-3 ｜ 総会

> **マンションの最高意思決定機関**

1) 総会について

　前節でも述べたように、マンションの管理に関しては総会で決めた事項を理事らが執行するという形態をとっているマンションがほとんどです。そのため、

70　　第3章　マンションの管理について考えよう

　総会は、管理組合の最高意思決定機関となりますし、管理組合の理事や理事長には、総会で決めた事項を執行する義務があります。

　もっとも、総会の決議や規約において理事会で活動できる範囲についても決められていますので、その範囲内のことは理事会で決議したうえで執行を進めることになります。しかしながら、前節でも述べたように、その期の事業計画にも予算にもないことを理事会の決議で進めることはできません。

　ところで、区分所有者が50人、或いは100人くらいのマンションにおいては、総会の運営もそれほど難しいものではありませんが、マンションや団地の中には区分所有者の数が500人、或いは1,000人を超えるものもあります。さすがにここまでの人数になると、区分所有者相互間で顔を知らない人も多くなりますので、総会の進行や決議といっても大変な話となります。加えて、そもそもこの規模の団地やマンションになると、小規模な自治体の世帯数と変わらなくなりますが、代議員（市長村会議員、都道府県議会議員）の決議で運営を決定することができる地方自治体とは異なり、マンションの管理に関して法律上は代議員の制度はなく、どれほど規模が大きな団体であったとしてもその活動については直接民主制で決定しなければいけません。

　もちろん、規約で総代会の規定を置き、総代会で管理組合の執行について協議することは可能ですが、仮に総代会を設置したとしても管理組合の総会は毎年1回は招集しなければなりません（区分所有法第34条第1項）し、管理者はその総会において事務に関する報告をしなければなりません（区分所有法第43条）。すなわち、総代会の仕組みを作ったとしても、それは理事会を拡大した組織に過ぎず、事業計画や予算の承認から決算にいたるまでの基本的な事項については管理組合の規模の大小にかかわらず総会で決定することとなるわけです。

2)　総会での決議要件

　また、総会の決議要件は、区分所有法では通常の決議（「普通決議」といいます）事項については区分所有者と議決権の過半数で決議をすることとしていますが、この普通決議事項については決議要件を規約で変えることが可能とさ

れています。そのため現実に多くの管理組合では、総会の成立要件を区分所有者の議決権の半数とし、総会出席者の過半数の議決権で普通決議をすることができる旨を規約で定めています。

　区分所有法においては、一方で、規約の設定や変更、軽微なものを除く共用部分の変更、建物が大規模滅失した場合の復旧等については区分所有者と議決権のそれぞれ4分の3以上、建替えについては区分所有者と議決権のそれぞれ5分の4以上という特別多数決議が必要である旨を規定しています。なお、この特別多数決議の要件ですが、軽微な変更を除く共用部分の変更については頭数要件を規約で過半数まで減らすことができますが、それ以外については規約で要件を緩和することはできません。

3-1-4 | 理事会とは

管理組合の執行機関

1）理事会の役割

　管理組合の理事会は管理組合の執行機関といわれています。もっとも、総会に関しては区分所有法で規定がありますが、法人格を持たない管理組合については区分所有法には特に定めがないため、管理組合の役員や理事会等についても法律には何も書かれていません。多くの管理組合が規約を設定する際に参考にしている、マンション標準管理規約（国土交通省が公表しています。以下「標準管理規約」といいます）では、理事会は総会で議決した事項を執行する機関であると規定しています。そのため標準管理規約をベースに考えると、総会で決議した事項について法律や規約に則ってその内容を実現する機関が理事会となります。

　このように、理事会が行うべきことについては規約で定めるか、或いは総会

72　第3章　マンションの管理について考えよう

で決議しておく必要があることになります。

2）理事会による問題のある管理とは

　ところで、区分所有者の側に管理についての関心を持たない人が多い管理組合では、理事長や理事のなり手もいないことから、同じメンバーが何年にもわたり理事や理事長を続けていることがあります。もちろん、やる気のあるメンバーで理事会が運営されることは必ずしも悪いことではありません。現実に、その結果として非常に良い管理ができている管理組合も数多くありますが、一方でコアなメンバーだけでかなりいい加減な管理をしている管理組合があることも事実です。

　この場合における「問題ある管理」とは、理事会が総会の決議事項を執行しないケースや、総会にかけるべき事項を理事会の決議のみで行うことを挙げることができます。そのほか、予算化されていない支払いを理事会の決議のみで行うようなことも問題といえるでしょう。

　そのほか、会議費や交際費をなかば遊興費で使っているような理事会も問題です。組合の決算書の中で理事会の会議費や理事の交際費の支出が多い管理組合ではこうしたことが行われていることも考えられます。もちろん、理事が区分所有法や標準管理規約等についての勉強会に参加したり、防災関連の情報を集めるためのセミナーに参加するために理事会経費が使われているのでは問題がありませんが、理事会のたびに出前で寿司をとったり、理事会後にスナックで懇親会を開いた費用を計上していることがあれば大きな問題です。

3）理事に報酬を支払うことの可否

　一方で、理事に報酬を支払っている管理組合もありますが、規約や細則で妥当な規定があり、その規定の範囲で支払うことについては特に問題はありません。むしろ、会議費でスナックに行っているようなケースと比べると、理事に適切な報酬は払っているものの不適切な支出がない管理組合のほうがはるかにまっとうな運営をしているといえるでしょう。もっとも、理事の報酬もあくまで社会一般の通年から見て妥当な範囲内におけるものであればよいのですが、

「拘束時間にかかわらず、1回出席ごとに10,000円を支出する」というような規定があるとすれば、問題といえるでしょう。

仮に、理事会が弁護士や会計士等の専門家で構成されているとしても、あくまで区分所有者の地位で理事に就任している場合にはボランティアの延長に過ぎないわけですから、報酬は世間一般の時給等を鑑みた額であるべきです。なお、区分所有者ではない外部の専門家を理事に選定する場合においては、専門家としての報酬を支払うことは必要です。

理事の報酬については、外部専門家に業務を委託する場合を含めて使用細則で定めておけばよいでしょう。

3-1-5 | 管理費・修繕積立金

管理運営に必要な費用

1) 管理費や修繕積立金の概要

マンションの管理をするため、また、マンションを良好な状態で維持するためには費用がかかります。ところで、マンションの共用部分は区分所有者全体の財産ですからその財産の管理や維持のための費用については、共有者である各区分所有者がそれぞれ応分の負担をしなければなりません。

具体的には、区分所有者は日常の管理運営に必要な費用として管理費を支払い、計画的な維持修繕や突発的な事故による補修等をまかなうために修繕積立金を積み立てています。なお、管理費や修繕積立金についてはその使い道は規約で定められていますので、仮に総会の決議があったとしても、規約で定められた目的以外でこれらの費用を使うことはできません。

そのほか、駐車場料金については、実際に支払われている料金から駐車場の維持にかかる経費を引いた残額については、修繕積立金に繰り入れるとする規

定を持っている管理組合が多いようですが、別の定めをしている管理組合もありますので、詳細はそれぞれの管理組合の規約をご参照ください。

2）管理費・修繕積立金についての留意点

ところで、管理費と修繕積立金についていくつか留意点を述べさせていただきます。

まず管理費ですが、**2-2-8**でも述べたように、共用部分が必要以上に豪華なマンションではその維持管理にもお金がかかるため、管理費は割高となるでしょう。豪華な共用部分があるマンションにはステータスを感じる人も多いとは思いますが、そのマンションに暮らす人にとって、プラスαの負担を支払ってもなお必要な共用施設であるか否かは十分に見極める必要があると考えるべきです。

また、管理員が週に5日、9時から17時まで出勤しているだけの場合よりも、土日も含めて対応してくれるほうが便利ですし、極論を言えば24時間サービス等となっているほうがマンションのセキュリティのレベルも上がります。加えてコンシェルジェサービス等もあると便利ですし、マンションの格も高くなるように思いますが、一方でサービスのレベルが上がると、管理費の負担も大きくなります。

なお、マンションの規模が大きくなると、規模のメリットも出てくるため各住戸当たりの負担を減らすことも可能です。

次に修繕積立金ですが、最近は長期修繕計画に基づいた額を修繕積立金として積み立てていることが多くなっていますが、長期修繕計画が策定されているマンションでも修繕積立金が過少なケースも散見されます。例えば、この本を執筆しているさなかに「管理組合の75％で修繕積立金が不足している」という新聞報道がありました。この「75％」という数字が正しいかどうかはわかりませんが、私が知る限りでも特に高経年マンションを中心として修繕積立金が不十分な管理組合は少なくありません。なお、新築分譲マンションの中にも当初の修繕積立金は低く抑えたうえで、その後は定期的に増額改定をすること

で必要な修繕積立金を確保するような計画を策定していることもあります。分譲時には購入後に必要な経費が少ないほうが負担も軽く見えるかもしれませんが、その後に負担が増えるのであればむしろ最初から適切な額を積む計画となっているほうが好ましいことは言うまでもありません。

　ところで、ストックマンションには、修繕積立金が低いまま築後数十年を迎えてしまっているものもありますし、そのようなマンションの中には、区分所有者の高齢化も進む一方で修繕積立金も不十分であることから、必要な修繕さえままならなくなっているものもあります。本書でも繰り返し述べているように、適切な修繕を行っていないマンションは、想像以上に建物の劣化が進んでいる可能性があることにはご留意ください。そのため、ストックマンションの購入を検討する際には、少なくとも過去の修繕履歴を十分にチェックすることは極めて重要ですし、その結果、まともな修繕を行っていないことが明らかであるようなものは購入すべきではないでしょう（**5-2-2** 参照）。

　なお、団地においては、団地管理組合全体の修繕積立金以外に、棟ごとの修繕積立金の仕組みがおかれているか否かも重要な事項であると思います。迷惑行為をする区分所有者らに対して、法的な措置を講じるような場合や、災害等で棟が被害を受けた場合の復旧は、棟で対応しなければいけない問題だからです（**4-1-4** 参照）。

　以上から、団地型のマンションにおいて、棟の修繕積立金等の有無についても、規約をチェックする必要があるともいえるでしょう。

3-2 管理規約

3-2-1 | 規約について

規約は管理組合の憲法と言っても過言ではない

1) 規約の重要性

　マンション管理について考えるときには、総会や理事会等の活動とともに、規約も極めて重要な要素となります。加えて、マンションを購入して区分所有者になると、いずれは理事の順番も回ってくるわけですから、購入に際しては規約についても一定の理解をしておく必要があります。

　さて、新築マンションの販売においては、分譲会社の側であらかじめ用意された規約案について、売買契約の前に宅地建物取引士が重要事項説明書の内容を説明する中で他の重要事項とともに説明されています。そして重要事項説明書に署名押印するとともに多くの場合は規約案についても承諾した旨の同意書に署名押印をしています。

　もっとも、新築分譲マンションの場合には購入の契約者の数も多いため、まとまった数の購入希望者を集めて集合契約会を開くことが多いのですが、この会では契約書に署名押印をする前に、宅地建物取引士の資格を持った人物が重要事項として規約についても説明をする形態をとることが多いようです。

このときは、規約を全部読み合わせると時間もかかりますから、説明をする側は主要な部分について解説し、また場合によっては説明に加えて簡単な解説のパンフレットも交付しているかもしれません。

一方でストックマンションを購入する際は、売買の仲介をする不動産会社の宅地建物取引士が同じく重要事項説明書の内容を説明することとなります。この際に、十分な説明をしてくれる仲介業者は少なくありませんが、中には「読んでおいてください」というだけで、まともに内容の説明をしない仲介業者もあるようです。

なお、規約そのものは法律文書のような文章になっているので、慣れない人からすると読みにくいものですし、読んでも内容がよく理解できないかもしれません。しかしながら、仮にそうだとしても、マンションの管理をするうえで規約は極めて重要なものですので、マンションを購入する人は可能な範囲でよいので理解するようにしてください。

2) 規約がないマンション

ところで、ストックマンションの中には、規約がないマンションがあります。マンション実態調査でも5.9％のマンションは、規約がない旨の回答をしています。前述の「管理組合が組織化されていないマンション」とともに、規約がないマンションには管理上大きな問題がある可能性があります。

更に、住宅以外に店舗や事務所も混在するマンション（以下「複合用途型マンション」という）の中には、住宅部分の区分所有者だけで管理組合を構成して規約を置いているものの、マンション全体を管理するための規約が設定されていないことがありますが、このようなマンションも管理の観点から見ると問題があります（**4-1-3**参照。）。

なお、新築物件ではさすがに「規約がない」というケースはないと思いますが、ストックマンションの購入を検討する場合には、ここで述べたようなケースに該当することもありますので、購入の可否を検討する際には注意するようにしてください。

3-2-2 | 標準管理規約をベースに 規約を考える

多くの規約は標準管理規約をベースに作られている

　前節で述べたように、マンション管理に際して規約は極めて重要な要素です。しかしながら、規約はマンション毎に異なりますので、高経年のストックマンション等を中心として、中にはかなり特殊な内容の規約となっているものもあるようです。

　ところで、多くのマンションでは、国土交通省が公表している標準管理規約をベースに規約を設定していますが、そもそも標準管理規約が初めて公表されたのは1982年ですから、それ以前に分譲されたマンションではマンション分譲業者が規約を考える際に基準となるものがなかったことになります。そのため、1982年以前に、特にその時点において新規にマンション分譲に参入したような会社が供給したマンションの中には規約に問題があるケースも散見されます（もちろん、その時点である程度分譲の実績がある事業者であれば、独自に適切な管理規約のひな型をもっていることが多いための大きな問題はないものと思われます）。

　以下では2016年に改正された標準管理規約の中で、個人的に特にチェックしておくべき内容と考えている点について、その概要を示すこととします。なお、標準管理規約について、細かく知りたい方は専門書が何冊もでていますのでそちらをご参照ください。

　また、標準管理規約自体も、これまで何度か改正されているため、古い標準管理規約をベースに作られている規約は、以下で述べるものとは内容が異なる可能性があることはご承知ください。そのため、ストックマンションを購入される方は、インターネットで最新の標準管理規約は取得することができますので、特に以下で述べたような内容について実際に使われている規約と違ってい

3-2 管理規約 **79**

る部分等についてよく確認するようにしましょう。

1） 専有部分の範囲（第7条）、共用部分の範囲（第8条）と共有持ち分（第10条）

　マンションの専有部分は、それぞれの区分所有者の所有物であるため、その維持管理は区分所有者本人が行います。管理組合が維持管理をするのは共用部分となるため、標準管理規約では共用部分の範囲を極力明確にしようとしています。

　例えば、専有部分と専有部分の間にある界壁は共用部分としており、専有部分の範囲はクロスの内側であると規定しています（第7条第2項）。そのほか、別表第2で、共用部分について細かく規定しています。

　なお、世の中には隣接する専有部分を2つ購入して戸境の界壁に穴をあけて2つの専有部分を一体化して使おうとする人がいます。界壁には鉄筋も入っている中で、鉄筋を切って穴をあけるなどということは建物の構造にとっても極めて有害なことですから、そもそもそのような行為は許されるべきではありません。加えて専有部分の範囲はクロスから内側であるとすれば、戸境の界壁は共用部分となるわけですから、仮に界壁が構造上問題ない部分だったとしても隣接する住戸を所有していることを理由に勝手に穴をあけることは共用部分を破壊することになるので、この行為自体が「問題であること」については理解できるでしょう。

　また、標準管理規約では、窓ガラスや玄関扉等の開口部は共用部分であると規定しています（ちなみに、玄関扉に加えてバルコニーも共用部分としています）。もっとも、標準管理規約では開口部やバルコニーについては共用部分ではあるものの、それらが設置されている専有部分の区分所有者に専用使用権を認めています。

　次に、共用部分の持分については、区分所有法では専有部分の床面積案分で所有することが原則とされていますが、規約で他の定めを置くこともできるとされています。標準管理規約では、「別表3」で共有持ち分割合を示しています。

　以上のとおりですが、ここで挙げた項目については、規約の本文とともに別

80　第3章　マンションの管理について考えよう

表の内容も確認することが重要と言えるでしょう。

2）専有部分の使用目的（第12条）

　標準管理規約では専有部分の使用目的は複合用途型の場合を除くと「住宅として利用する」旨の規定となっています。仮に、専有部分の用途が住宅のみに制限されているときには、専有部分を事務所や店舗等の非住宅として使うことはできませんが、ストックマンションの中には、規約で建物の所有目的を住宅と規定していながら、実際には事務所等で利用している区分所有者がいることもあります。これは明らかに用法違反ですので、このようなことが発覚したときは管理組合としては直ちに区分所有者に対して専有部分を適切に使用するように要請をすることができますし、その要請に区分所有者が従わない場合には、最終的には法的な手続きをとることも可能です。

　ところが、管理組合がそうした対応をせずに、規約違反の状態を放置してしまっているとすれば、そのマンションでは事務所等の利用を事実上容認しているものとみなされてしまう可能性がありますし、そうなるとマンションを管理するうえで問題が生じることになるかもしれません。

　なお、昨今話題となっている「民泊」ですが、単に住宅使用目的と規定されているのみでは民泊はOKとみなされます。民泊を禁止する場合には、その旨の規定が必要となりますので、民泊の可否などが気になるときは、この点もチェックすることが必要です（民泊については **3-3-3** も参照）。

3）共用部分の第三者使用（第16条）

　電気室等は電力供給会社が使う等の定めとなっていますが、古い標準管理規約では、「○○電力株式会社」等と各地区の電力会社等の名称が規約にそのまま規定されていました。ところで最近は、電力自由化により電力供給会社は総会の決議により管理組合で自由に選択することができますが、規約で会社名まで書かれている場合には、仮に電力供給会社を変更するような場合には規約の変更が必要になりますので、このようなところもチェックしておいたほうがよいでしょう。

4) 専有部分の修繕等（第17条）

専有部分は前述のとおり区分所有者の所有物ですから、その利用や管理は区分所有者の裁量に委ねられます。しかしながら、専有部分の上下左右には通常は他の専有部分があるわけですから、仮に専有部分をリフォームするような際には、上下階もしくは隣接する専有部分の居住者等に迷惑をかけることもあるでしょう。そこで、そうした工事をする場合には、予め理事長に工事の届け出をして承諾を得ることとしています。

5) 窓ガラスの改良（第22条）

前述のように、標準管理規約においては、窓ガラス等の開口部は標準管理規約では共用部分とされており、専有部分の所有者には専用使用権が与えられているにすぎません。そのため、窓ガラス等の変更は管理組合が計画的に行うものとなりますが、区分所有者の側に、防犯や断熱性の向上等の理由で開口部を変更する理由があるにもかかわらず、管理組合では変更が予定されていない場合には、予め理事長に届け出をし、理事長の許可を得たうえで各区分所有者が変更をすることができることとされています。

6) 管理費（第27条）や修繕積立金（第28条）の使途

管理費はマンションの管理に必要な経費をまかなうための費用ですし、修繕積立金はマンションの修繕に際して必要な費用に充当するために積み立てられている費用です。そのため、管理費はマンション管理に関係しないことに利用することは厳に慎まなければいけませんし、仮に総会において圧倒的多数で決議されたとしても修繕積立金も規約で設定されている事項以外の使途に利用することはできません。

仮に、修繕積立金の使途として定められていない事項に修繕積立金を充てる必要があるときは、そもそも規約を変更してから対応すべきであることも認識しておきましょう。

7) 役員（第35条）

　管理組合には理事と監事が置かれています。理事は理事会を構成するメンバーであり、理事会の決議に参加します。これに対して監事は理事の活動や会計の監査をすることが業務であり、理事会に参加して意見を述べる権利もありますが、理事会における議決権はありません。なお、理事長が管理組合と利益相反行為をする場合は理事長は管理組合を代表せず、監事もしくは他の理事が管理組合を代表することとなります。

　また、役員の資格は区分所有者であることを原則としていますが、現在の標準管理規約では外部の専門家等を役員とする選択肢も置いています。

　管理組合が自分たちの財産の管理をする団体であるとすれば、基本的には区分所有者が役員になるべきだと思いますが、例えば、規模が大きなマンションで管理に専門家の知見が必要な場合や区分所有者の高齢化が激しく役員のなり手が少なくなってきているようなときには、外部専門家を選択の余地をもっておくことも必要ではないかと思います。

　もっとも、外部専門家を導入する場合には、それなりに費用もかかることも考えて慎重に判断をしなければなりません。

8) 理事長（第38条）

　前述のとおり、区分所有法では法人格のない管理組合についての規定がなく、マンションの管理は「管理者」による管理と「管理組合法人」による管理しか想定していません。そのため例えば、管理組合法人以外の管理組合が総会の招集をする場合には、「管理者」が招集をすることとなっています。

　そこで標準管理規約第38条第2項では、理事長が区分所有法で定めるところの管理者である旨を規定しています。この規定により、総会の招集等、区分所有法で管理者の権限とされることを理事長が行っていることになります。

　新しいマンションでこの規定が抜けていることはないものと思われますが、高経年マンションでは理事長が管理者である旨が規約に規定されていないこともあります。日常管理においてこのことが問題視されることはまずないと思い

ますが、再生の検討等をする際に区分所有者間で意見が割れるような場合には、「管理者でない者が招集した総会は無効だ」などということが問題視されることがありますので、注意しましょう。

9) 総会 (第42条〜50条)

　区分所有法では総会では予め示された議案以外を議決することはできない旨が定められていますが、標準管理規約でもこの規定をそのまま適用しています（なお、規約で、緊急動議を認める旨の規定がある場合には、普通決議事項については緊急動議を審議することもできます）。そのため、規約で定めがない限りは総会で緊急動議が提出されたとしても、その議案を総会で審議して可決することはできません。

　次に、総会の定足数は区分所有者の議決権の半数以上（第47条第1項）であり、普通決議事項は出席区分所有者の議決権の過半数（第47条第2項）で決議することができます。一方で、規約の設定・変更・廃止や、軽微変更を除く共用部分の変更、建物が大規模一部滅失した場合の復旧等は区分所有者と議決権の各4分の3、建替え決議は区分所有者と議決権の各5分の4、マンション敷地売却決議は区分所有者と議決権と土地共有持分の各5分の4で決するとしています。

　なお、総会の決議に際しては、代理人による決議（委任状を代理人に交付します）及び書面による決議（議決権行使書によります）も可能であると規定しています（第46条第4項）。特に、代理人の範囲については、区分所有者の配偶者、区分所有者の一親等以内の親族及び同居親族、他の区分所有者としています（古い標準管理規約ベースとした規約では、この範囲が異なりますので注意してください。第46条第5項）。

10) 議決権割合 (46条)

　標準管理規約第46条第1項では議決権割合については別表第5に掲げる旨を規定しています。標準管理規約では、総会で普通決議をする際には、総会の定足数や決議要件は議決権でカウントする手法を採用していますし、特別多数

84　第3章　マンションの管理について考えよう

決議が必要な事項については区分所有法の規定とおり、区分所有者と議決権で決議の可否を判断することになりますので、議決権割合を確認することは区分所有者にとっては重要なことであるといえるでしょう。

11）理事会（51条〜55条）

　理事会の議事と決議事項等について定めています。なお、2016年の規約から、理事会でも議決権行使書での議決も採用しています。

　所要があり理事会に参加できない理事が理事会の決議に参加するためには、この仕組みも有用だといえるでしょう。

3-3 マンションの管理上考慮すべきその他の問題

3-3-1 高齢化問題

区分所有者の高齢化問題

　日本人における持ち家所有者の多くは頻繁に住宅の買替えは行わず、同じ場所に長く居住する傾向があります。そのため建物の築年数が経過すると、購入したころは若かった区分所有者の高齢化も進みます。最近は、かつて「ニュータウン」と言われた町が高齢化タウンになりつつあることが各所で問題となっている根本的な原因もこのような状況から考えると納得できるわけですが、この傾向は一戸建て住宅で構成される郊外のニュータウンにとどまらずマンションでも確認することができます。

　区分所有者の高齢化が進むことにより問題となる点としては「管理組合活動の不活発化」、「修繕や改修等のために費用を捻出することを忌避する傾向」等がみられることが多く、また区分所有者が逝去した場合に、誰が相続人かわからなくなる等の問題が発生することもあります。

　ところで管理組合活動が不活発化するとその結果、総会等への参加者が減少するほか、より深刻なこととして「理事のなり手がいない」等の問題も発生します。最近、「マンションの第三者管理」が話題となることがありますが、これは、管理組合の役員に外部の専門家を入れる場合、或いは管理そのものを外

86　第3章　マンションの管理について考えよう

部の専門家に委ねること等を意味しますが、第三者管理が検討されることとなった主たる理由としてこの理事の担い手不足の問題が挙げられています。もっとも、外部の専門家に理事に就任してもらう場合、或いは更に進んで外部専門家に管理者になってもらうような場合には、そのために要する費用は大きなものとなるため、どのマンションでも第三者管理方式を採用することができるということでもないでしょう（特に、優秀な専門家に依頼する場合には、それなりに費用もかかることは覚悟しておくべきです）。

　また、管理費や修繕費を滞納する区分所有者の存在は、マンション管理を考えるうえで頭の痛い問題ですが、区分所有者が高齢化して主たる収入が年金だけとなった場合には、管理費や修繕費の負担で家計が圧迫される区分所有者が出てくる可能性もあります。もっとも、高齢者を含め多くの区分所有者は、何とかやりくりをしてこれらの費用を捻出しているわけですが、次の問題として区分所有者の高齢化が顕著になると管理費や修繕費の改定は行いにくくなる点を挙げることができます。その意味では、区分所有者が高齢化する前に、修繕費や管理費は一定レベル以上の水準にしておけばよいのですが、それができなかった管理組合は、特に修繕積立金が不足することで必要な修繕ができなくなる可能性があります。

　最後に、いやな話で恐縮ですが、特に1人住まいの高齢者が多いマンションでは、そうした区分所有者の相続が発生した場合に、相続登記もなされず相続人から管理組合への連絡もないと、誰が区分所有者か管理組合として把握できなくなる可能性があります。最近話題となっている所在者不明不動産問題です。こうした事態を防ぐために、高齢区分所有者世帯については、管理組合の側から危急時の連絡先を確認することが必要なのですが、一方で個人情報の保護の問題もあることから、任意に応じてもらえない場合には対応のしようもありません。

　以上のようなことを考えると、管理組合では、区分所有者の高齢化が顕著になる前に管理費や修繕費は早めに水準以上のものを確保しておく必要がありますし、区分所有者の緊急時連絡先等も聞いておく努力をすべきなのだと思いま

3-3 マンションの管理上考慮すべきその他の問題 *87*

す。そして、ストックマンション、特に築年数がある程度経過したマンションの購入を検討するときには、ここで述べたような事項を確認しておくことも重要であることがおわかりいただけるでしょう（**5-2** の各節を参照）。

3-3-2 | 機械式駐車場問題

マンションにはなぜ機械式駐車場が多いのか

　築年数が浅く、特に中心部の立地にあるマンションでは、機械式駐車場を採用していることが少なくありません。機械式の駐車場は、車の出し入れも不便ですし、そもそも駐車場の維持管理費も高額であるため、マンション管理の本などを読むと機械式の駐車場に否定的な意見が少なくありません。もちろん、駐車場は平置き式の駐車場であるに越したことはありませんが、郊外で土地が相当程度余っている地区を除くと、平置きの駐車場を採用することは現実には困難です。

　そうなると、地下に駐車場を持ってくればよいではないか……と思われるかもしれませんが、まず、地下駐車場をとるには敷地に一定の規模が必要です。加えて地下に数層の駐車場を設置することになると建築費がかなり高くなりますが、駐車場が平置きできるタイプの地下駐車場の形態をとったときに、機械式の駐車場を採用しているマンションと比較して相応の価格で売却できる見込みがないとマンションを供給する事業者の側でも平置き型の地下駐車場を採用することは難しいといえるでしょう。そのため、土地に対していっぱいにマンションを建築できるような地区において一定の駐車台数をとろうとすると、機械式の駐車場で対応せざるを得なくなっているのが現状です。

　機械式駐車場については、よくいわれているように維持費もかかりますし、利用する側にとっても平面式の駐車場の場合と比べると不便ですから、これを否定する理由も言われているとおりですが、地下駐車場マンションがあるマン

88   第3章　マンションの管理について考えよう

ション売値が機械式の駐車場を採用しているマンションの売値と比較して一定以上で評価されるようにならない限りは、この傾向は続くことになるでしょう。

　それでは、駐車場の台数を減らせばよいではないか……そうした考えを持つ人もいると思いますが、本書を執筆している時点では多くの自治体でマンション等の集合住宅に対しては駐車場の附置義務を課しています。すなわち、条例により一定以上の戸数がある集合住宅を作る場合には住宅の戸数に対して一定割合の駐車場を設置することを義務付けられていることが極めて多くなっています。

　ところで、最近は車の所有者の数が減っているため、特に都心部等の利便性の高い地区のマンションでは駐車場が余っているという話もよく聞きます。平置き式の駐車場であれば、空いていたとしても維持費はたいしたことがありませんが、機械式の駐車場の場合は空いてしまうと維持費を駐車料金でまかなうことができなくなることがあります。そしてそのようなことになると、管理費等で駐車場の維持費をまかなわなければいけなくなります。

　そのため、管理組合によっては、マンション外の人に駐車場を貸すことを検討することもありますが、マンション内に区分所有者以外の人物が出入りすることはセキュリティ上の問題があるほか、区分所有者以外に駐車場を貸して駐車場収入を管理組合が得た場合にはその利益は課税対象となること等が問題点として挙げられます。

　この問題については、駐車場の附置義務を適切な内容に変更しないと、マンション管理においては常に対応しなければいけない問題であるといえるでしょう。

3-3-3 | 民泊

民泊を嫌う管理組合は多い

　これからは観光立国を目指すわが国においては、急増する宿泊ニーズを満たすためには民泊は重要な戦略となりますが、多くの管理組合では民泊を好ましくは思われていないようです。その理由としては、セキュリティの問題や、民泊の利用客による迷惑行為等が挙げられます。

　ところで2018年には民間宿泊法が制定されましたが、マンションにおいては規約で民泊を禁止する旨の規定がない限りは、区分所有者が一定の届け出をすればマンションで民泊を運営することができるようになります。特に都心部や観光地に近い立地においては、民泊で運用することを目的としてマンションを購入する区分所有者が出てくる可能性もあります。

　このようなことから、民泊が可能なマンションに住みたくないと考える人物は、規約の内容のチェック等も必要となるでしょう。

　なお、現状では、民泊を排除する方向で動いている管理組合が多いようですが、一方でうまく管理することができれば、民泊は有効な不動産の活用方法の1つであると考えることもできます。特に、空き家化が進みつつあるマンションでは、民泊をうまく活用することでマンションの活気を取り戻すことも可能になるかもしれませんし、それぞれの区分所有者の収益性が向上すれば、管理や修繕等に費用をかけることも可能となるかもしれません。

　その意味では、一様に民泊を目の敵にするのではなく、マンションの状況に応じて、管理組合によっては民泊を許容する前提でむしろ管理を適切に行う手法を考えてもよいのではないかと、個人的には考えています。

第4章

マンションについての各論

4-1 マンション形態の特徴と メリット・デメリット

4-1-1 | マンションのバリエーション

いろいろなバリエーションの特色を知ることの大切さ

　今、私の手元にある大型マンションのチラシがあります。「エリア最大級プロジェクト。マンション内に店舗やクリニック等もそろった超優良物件」という魅力的なアピールがされているので、思わず広告の表現に食指が動きそうになります。

　さて、一口にマンションと言ってもいろいろなバリエーションがあります。例えば、3階建てくらいの低層のマンションからタワーマンションまで建物の高さで分類することができますし、団地と単棟型のマンションのように建物の棟数による分類もできます。その他住宅だけで構成されるマンションと複合用途型マンションという分類も可能ですし、単に規模の大小で分類することもできます。加えて、テラスハウスもマンションの一類型となりますが土地の権利関係が普通のマンションとは異なることに注意が必要となるでしょう。

　では、私たちがマンションを購入するときに、こうした様々な類型の中でどのようなマンションを選んだらよいのでしょうか。

　結論から言えば、これらのバリエーションについても何が最良かは、ケースバイケースで異なるとしか言いようがありません。例えば、消費者からはタワー

4-1 マンション形態の特徴とメリット・デメリット　　*93*

マンションが相変わらずもてはやされていますが、昨今ではタワーマンションについて否定的な見解を述べる人も増えています。またマンションの規模については、一般的には小規模なマンションよりも大規模なマンションのほうが良いとする論点もあるようです。しかしながら、物事をこのように最初から決めつけて考えることは非常に危険です。結論からいえば、どの類型にも必ずメリットと留意すべき点があるためです。

　また、類型ごとの特性以外に、立地、間取り、価格等の個別要因もありますし、これらに加えて、実際の区分所有者の状況等でもマンションの住みやすさは違ってくるでしょう。

　以下では、典型的なバリエーションについて筆者が考えるメリットと留意点を挙げますので、皆さんが気に入ったマンションを購入すべきか否かを考える際の判断材料の１つとしていただければよいと思います。なお、「メリットと留意点」という書き方をすると、どうしても留意点のほうが強調されるきらいがありますが、これらの点を総合的に考えて判断をすることが、良い住宅を購入するための第一歩であると思ってください。

　ちなみに、本章の冒頭にあげた手元にあるチラシの物件についてですが、まず「大規模物件」であることと「複合用途型」の物件であることは広告の文言から理解できます。加えて広告をよく見てみると、２棟の超高層マンションで構成されている物件であることがわかりましたので、「超高層マンション」と「団地」の要素も持っていることになります。そうなると、購入に際しては念のためこの４つの要素についてのメリットと留意点を理解しておくべきなのでしょう。

　なお、以下で挙げる事項はいずれも疎かにすべきことではありませんが、本書ですでに述べてきたこと、すなわち「そのマンションの市場価値が維持できているかどうか」、具体的には立地や建物の状況とともに、管理の良否のほうがより重要なポイントであることを念のため申し上げておきます。

94　第4章　マンションについての各論

4-1-2 | タワーマンション

> タワーマンションについては否定的な意見も多いようですが……

1) タワーマンションとは

　タワーマンションは相変わらずの人気ですが、一方でタワーマンションに否定的な意見を持つ専門家も少なくありません。ところで、そもそもタワーマンションとは、何階建て以上のマンションを指すのでしょうか。

　タワーマンションについて、特に法律上の定義があるわけではありませんが、「タワーマンション＝超高層マンション」と考えるとすれば、建築基準法上高さ60mを超える建物が超高層建築物となるわけですから、階高が3mの場合では20階建て以上、階高がそれより高い建物の場合には18階から19階建てでもタワーマンションとなるものもあることになります。なお、周辺にあまり大きな建物がない場合には15階建てくらいのマンションでも「タワーマンション」と称しているものもあるようです。

　本書では、タワーマンションの定義づけについて深い検討はせず、多くの人がタワーマンションだと思っているマンションをタワーマンションと考えることとします。

2) タワーマンションのメリットと留意点

　これまでも述べたように、昨今はどちらかといえばタワーマンションを否定する側の意見が注目されてしまいますが、「誰にとっても最高なマンション」というものはありません。タワーマンションのメリットと留意点についてできるだけ客観的に考えてみましょう。

4-1 マンション形態の特徴とメリット・デメリット　　*95*

❶ タワーマンションのメリット

① 満足感

　タワーマンションについて憧れを持っている人はまだまだ多いことから、一般的にはタワーマンション自体が一定のブランド価値を有しているといってよいでしょう。その意味では、タワーマンションを購入した人は「タワーマンション所有者」としての満足感をもつことができます。

　特に、有名なタワーマンションの場合には、名刺に住所を入れる職業の人などの場合には、住所地がその人の信用性を高めることに寄与することにもなります。こうした満足感を、嘲笑する人もいるかもしれませんが、私は自分の住まいに誇りを持つことができることはよいことだと考えています。

② 景観や日照

　タワーマンションの中でも高層階は特に景観や日照に優れています（もちろん、北向きの住戸は日照の期待はできませんが、明るさの確保はできますし、場所によっては北側の眺望が優れていることもあるでしょう）。眺望については、例えば東京都心地区で考えると、「東京タワー」や「スカイツリー」を見ることができるマンションは、その地区では一定の価値があると考えられていますし、そのほか「富士山が見える」「海が見える」「夜景がきれい」等の景観上の差別性はタワーマンションの醍醐味でもあるといえるでしょう。

　なお、自分自身の住戸からの眺望等は普通であったとしても、最上階にパーティルームがあれば、その部屋を借りて友人らとパーティをすることで絶景を堪能することも可能となります。

　次に日当たりですが、特に一定の階から上になると南向きの住戸などの場合には日当たりも抜群となります。こうした点もタワーマンションのメリットとなります。

③ 防災性能

　タワーマンションは地震等の被害を受けやすいことから、そもそも制震構造や免震構造等を採用しているものが多くなっています。そのほか、エ

レベータが止まったときのために自家発電施設等の対応をしているものも多く見受けられます（もっとも、タワーマンションのすべてが防災性に優れているわけではありませんので、この点については購入の前にチェックする必要はあります）。なお、このような対応がされているタワーマンションについては、販売の際には災害に対する強さや備えを「売り」にしていることも多いでしょう。

④　資産価値

　　少なくとも現時点では、多くのタワーマンションは一定のブランド価値をもっていますし、人気の商品であることから資産価値も高い状況にあります。特に、一等地のタワーマンションやその地区で唯一のタワーマンションの場合には希少性もあるため、ストック市場においても購入希望者が多くなることから、結果として資産価値を維持することができているようです。これらに加えて管理も優れたタワーマンションであれば、今後も一定の資産価値を維持できるものと思われます。

　　もっとも、この中で「希少性による資産価値」については、特に立地が人気地区でも駅前でもない場合で、かつ周辺でタワーマンション自体が珍しい存在ではなくなるような状態になると注意が必要かもしれません。

⑤　規模のメリット

　　タワーマンションは必然的に規模が大きなものが多くなります。そのため、特にマンションの管理に際しては規模のメリットを生かすことができるものと思われます。ところで区分所有者の頭数が増えると、その中には多様な専門性を持った区分所有者がいる可能性が高くなりますので、そうした専門家の知見を利用することができれば管理をするうえでも役に立つことも多くなるでしょう。その他、規模の大きなマンションの有するメリット・留意点をご参照ください（**4-2-2** 参照）。

❷ タワーマンションについての留意点

　次に、タワーマンションの留意点について考えてみましょう。具体的には以下のような事項を挙げることができるのでしょう。

4-1 マンション形態の特徴とメリット・デメリット　　*97*

① 絶対数の増加

　以前は、タワーマンションの数そのものが少なかったため、すべてのタワーマンションが街のシンボルのような存在でした。簡単な理屈ですが、供給物件量が少ないにもかかわらずその物件を欲しい人が多ければ価格は上昇しますし、その反対の状況になると価格は下落します。ある時期までは、タワーマンションであればどんなものでも、この「希少性」という点により市場から評価されていたことは間違いないでしょう。

　ところが、最近はタワーマンションの絶対的な供給量が増えています。少なくとも駅前再開発等の事案においては、タワーマンションが採用されることが多くみられますし、それ以外の地区でもタワーマンションの供給が盛んです。そのため、以前から比べると相対的にタワーマンション事態の希少性は少なくなっているように思われます。

　また近隣にも高い建物がなければ、タワーマンションは一定以上の階になると見晴らしもよく日照も確保できますし、極論を言えば部屋の中を裸で過ごしていたとしても表から覗かれる心配もありませんでした。ところが、最近では、タワーマンションの前にタワーマンションが建つという事態も発生しているため、「東京タワーが見えていたのに見えなくなった」マンションもありますし、「日当たりが悪くなる」或いは「隣接マンションからの視線が気になってカーテンを開けられない」等の状態となっていることもあるようです。前述の「資産価値」でも述べたように、これからは「タワーマンションだから資産価値がある」わけではなく、「人気地区の優良物件であるタワーマンション」でないと資産価値は減じていく可能性があることは理解しておく必要があるでしょう。

② 管理上の問題

　タワーマンションでは、上層階の販売価格はかなりの高額となるため、購入者は富裕層となります。これに対して低層階は、低金利等により普通の会社員でもなんとか購入可能なこともあります。

　ところで、マンションは建物の構造躯体や共用部分は区分所有者全員の共有物ですから、これまでも繰り返し述べているように区分所有者全員で

98　第4章　マンションについての各論

管理をする必要がありますが、同じマンション内でも住戸の価格にも著しい差があり、そのため区分所有者間のライフスタイルも大きく異なるようになると適切な管理が難しくなることがあります。加えて区分所有者の数も多くなってくると、特に特別多数決議が必要となるような事項に関して管理組合で決定するためのハードルが高くなることも考えられます。

　もちろん、メリットの⑤でも述べたように、多様な区分所有者がいるために良好な管理ができることも少なくありませんし、現状では、概してタワーマンションの購入者は管理に関心を持っている人が多いようにも感じられます。ただし、以上のような理由からタワーマンションの場合は、普通のマンション以上に区分所有者の管理に係る意識がより重要になってくることは理解しておくべきでしょう。

③　維持修繕について

　初期のころのタワーマンションとして有名な、あるマンションの大規模修繕工事が、築19年目で実施され、その費用が12億円ほどかかったということが以前に大きな話題となっていました。もっとも、このマンションの総戸数は600戸を超えているため、一戸当たりで単純に割り返した平均的な負担額は200万円弱となりますが、それでも普通のマンションの第1回目の大規模修繕に要する費用と比較するとかなり割高になっています。

　マンションの大規模修繕は、主たるものとして、一定期間ごとに外壁のタイルや目地の補修（吹付の場合は吹き替え）等と防水関連の補修等を挙げることができます。また、建物が竣工してから30年くらい経過すると、エレベータのかごの交換やライフラインの交換等も必要になります。

　ところで、外壁の補修等については通常のマンションは足場を組んで作業をすることが可能となりますが、一定以上の階になると足場を組んで作業をすることができないため、ゴンドラ等で作業をすることとなります。そのため作業は天候にも大きく左右されますし、足場を組んで作業をすることができる場合と比較すると時間もかかります。

　またエレベータについても、タワーマンションのエレベータは通常のエレベータから比べると速度も速いため、部材の消耗も激しくなるかもしれ

ません。このようなことから、タワーマンションを購入するときは長期修繕計画をチェックして、特に長期的に必要な修繕費等について十分に理解しておくことも重要といえるでしょう。

④　火事について

　本書を執筆した前の年に、ロンドンでタワーマンションが火事になりニュースとなったことがあります。このあとで私もいろいろな人から「日本のタワーマンションは大丈夫なのか」と聞かれたことがあります。

　結論から言えば、ロンドンのようなことは日本では起きないだろうと思います。そもそもロンドンのタワーマンションの火災は、外断熱の部材に発火したものと聞いていますが、日本では少なくとも防火地域や準防火地域に指定されている場合には、燃えやすい素材を外壁で使うことはできません。

　もっとも、建物全体が火事となる可能性は低いとしても、例えば個々の住戸については居住者の不注意で失火をする可能性があります。そのため、「はしご車が届かない住戸には居住しない」という信念を持っている人もいるようです。ちなみに、はしご車は高さ31mまでは届くようですから、階高を3mとすると10階まで（階高がもう少し低い場合は11階くらいまで）がその対象ということになるのでしょう。

　もっとも、このようなリスクは法律でも織り込んでいるため、高さ31mを超える建物については必要とされる仕様設備も大きく変わってきます。まず、11階以上の階においては100～500㎡ごとに防火区画が設定されていますが、この基準は通常の建物より厳しいものですし、煙が充満しないような仕組みもとられています。更に、高さ31m以上または11階以上の建物はスプリンクラーの設置も義務付けられているほか、火災時の消火活動のための送水管も設置されています。そのほか、タワーマンションの設計者も万が一に備えていろいろな対策を講じているものと思われます（具体的には販売等の際に確認をすることをお勧めします）。

　ただし、こうした設備も定期的にメンテナンスをしていなければ万が一の場合に対応することはできなくなりますので、設備があればよいという

ものではありません。そのため、本書でもたびたび指摘をしているように、管理水準の良否はタワーマンションにおいては極めて重要な問題となるわけです。

⑤　停電の場合

東日本大震災の際には、震災直後に多くのマンションのエレベータが止まりましたので、特にタワーマンションの上層階に居住している人たちが外に出ることが困難となったことがニュース等で話題となっていました。なお、東日本大震災においては、その後も原発の停止の影響から東京都内でも電力不足となり、地域ごとに一定時間の停電をさせる措置が講じられていましたが、この停電の時間帯にも同じような問題が起きていました。

もちろん、このようなことは日常的に発生する事態ではありませんし、結果的に今後数十年にわたり大規模災害も事故もおきない可能性もあります。加えて、仮に万が一の事態が発生したとしても最近では自家発電装置等を用意して停電にも対応できるような仕組みを採用しているマンションも増えています。

いずれにしてもタワーマンションを購入するときは特に、不測の事態への対策が取られているか否かの確認も必要となるでしょう。

3）この節のまとめ

他にも、メリットや留意点は考えられますが、主たる内容としては以上のような点をあげることができます。

なお、私はタワーマンションをことさら問題視する意見には必ずしも賛成ではありません。ただし、それらの意見にももっともと思われることも少なくないので、メリットと留意点をよく比較検討するとともに、購入の際に疑問に思ったことは販売担当者に質問をして、納得をしたうえで購入の可否を判断するべきだと思います。

4-1-3 | 店舗や事務所がある マンション

複合用途型マンションの特性について

1）複合用途型マンションの類型

　駅前や商業地にあるマンションでは、低層階が店舗や事務所となり中層階以上が住宅となっているものも少なくありません。こうしたマンションは、「複合用途型のマンション」といわれています。

　さて、一口に複合用途型マンションといっても、いくつかのバリエーションがあります。大きく分類すると次のようになるでしょう。

　a. 1階に1つもしくは複数の店舗があり、2階から上がマンションとなっている建物

　b. 低層階から中層階くらいまでが店舗や事務所となっており、上層階がマンションとなっているもの

　c. 低層階から中層階を1つの法人（行政の場合もある）が事務所等としており、上層階がマンションとなっているケース

　d. もともと住宅用のマンションとして作られていたものが、なし崩し的に事務所や店舗で利用されて、複合用途型のマンションとなっているケース

　e. 2以上の建物で団地を構成しており、店舗・事務所棟と住宅棟に分かれているケース

　上記の中でe.は、複合用途型でありながら、かつ団地でもあることが特色ですので、団地の要素についても理解しておくことも必要となります。また、c.のケースは、複合用途型であるとともに、1人で大きな議決権を持つ区分所有者がいるケースなので **4-2-1** の点にも注意が必要なケースです。また、d.

のようになっているマンションは、少なくともなし崩し的に事務所・店舗化が進展した時点でのマンション管理に問題があったことが多いのではないかと思いますし、場合によってはその後も管理の問題が継続していることもあるかもしれません。

2) 複合用途型マンションのメリット・デメリット

❶ 複合用途型マンションのメリット

① 利便性の良い立地が多いこと

　店舗や事務所が成り立つ立地は、基本的には利便性の良い立地です。そのため、逆の言い方をすれば、利便性の良い場所にあるマンションを選択するとすれば、複合用途型のマンションとなることが少なくないといえるかもしれません。

　基本的にはこの利便性が、複合用途型マンションの最大のメリットとなります。

② 入っている業種業態によれば、区分所有者もメリットを享受できることがあること

　複合用途型マンションで、例えば店舗が入っているときに、その店舗が生活上必要なものであるときや、医療モール等であるような場合は、住民の利便性も高くなるはずです。

❷ 複合用途型マンションの留意点

① 住宅所有者と非住宅所有者の対立はないか？

　多くの区分所有者で構成されるマンションは、その特性から区分所有者間で紛争が発生することもあります。特に、複合用途型のマンションの場合は住宅と店舗等の非住宅の用途が混在することとなるため、住居専用のマンションでは生じないような区分所有者間の紛争も考えられます。

　この住居専用のマンションでは生じない区分所有者間の紛争とは、具体的には次のような事項をあげることができます

　a. 住宅以外の用途が店舗であるときは、店舗の営業時間や店舗の顧客の

4-1 マンション形態の特徴とメリット・デメリット　*103*

　マナー違反（夜に大声で騒ぐ、車や自転車の置き方の問題）、店舗から
の臭気騒音等（店舗の業態にもよる）の問題

b. 2階以上の階に事務所があり、不特定多数の人物が事務所を訪れるよ
うなケースでは、防犯の問題について事務所の区分所有者と住宅の区
分所有者との間でトラブルになる可能性があること

c. 店舗や事務所の業態によっては、マンションの風紀の維持や安全上支
障が生じると思われるケース

　以上のような理由から、例えば、店舗と住宅で構成されるマンションで
は、規約で店舗の営業時間や業態を制約していることも少なくありません。
もちろん、規約の定めだけで紛争がなくなるわけではありませんが、何の
決まりもないよりは規約で一定の制約が設けられているほうが良いでしょ
う（もっとも、規約で営業時間や店舗の業種業態等に制約があるにもかか
わらず、それを無視した店舗が入っていて、管理組合の側もその状態を長
年にわたり放置しているようなときには、管理組合もその状態を追認して
いるとみなされる可能性が高くなります。いずれにしてもルール違反には
速やかに対応することは重要です）。

② 住宅のセキュリティ

　事務所と住宅で構成されるマンションで、住宅と事務所のエントランス
が分かれていない場合には、セキュリティが問題となる可能性があります。
オートロックがないときはもとより、オートロックが設定されているマン
ションであっても、結果として来客という形でマンション内に不特定多数
の人間が入ることになるためです。

　もちろん、事務所等がある場合でも、ほとんど来客がない業態であった
り、ある程度の頻度で来客がある場合でも特定の人物の訪問に限られてい
るときには問題となることは少ないと思います。

　ところで、規約において「住宅以外の用途」を禁止しているマンション
でも、なし崩し的に事務所利用を許容しているマンションがあります。こ
のような状態を放置しているマンションは管理に問題がある可能性が高い
といえるでしょう。

104   第4章　マンションについての各論

　なお、事務所と住居で構成されるマンションについては、事務所エントランスと住宅エントランスが分かれていれば、セキュリティに関する区分所有者間の紛争は起こりにくくなります。比較的新しいマンションを中心に、複合用途型マンションでもそのような配慮がされているものは増えています。

③　管理組合について

　マンションは区分所有者全員で共用部分の管理をする必要があります。そのため、複合用途型マンションにおいても、住宅と非住宅を合わせてマンション全体の管理組合を構成して、管理組合で修繕積立金や管理費を徴収する仕組みにしなければなりません。そのうえで、住宅所有者のみで「住宅部会」、非住宅の店舗や事務所で「店舗事務所部会」を設置することは問題ありません。特に、住宅と非住宅がエントランスから分かれているようなときには、全体管理組合の中に一部管理組合として「住宅管理組合」、「店舗事務所管理組合」を置くことも考えられます（**図表4-1** 参照）。

　ところが、複合用途型マンションの中には、住宅部分のみで管理組合を構成していて、非住宅部分を含めたマンション全体を管理する組織としての管理組合を設立していないことがあります。特に **1）** c. で示したケースでは、このような事例も散見されます。

図表 4-1　土地・建物を横方向から見た図

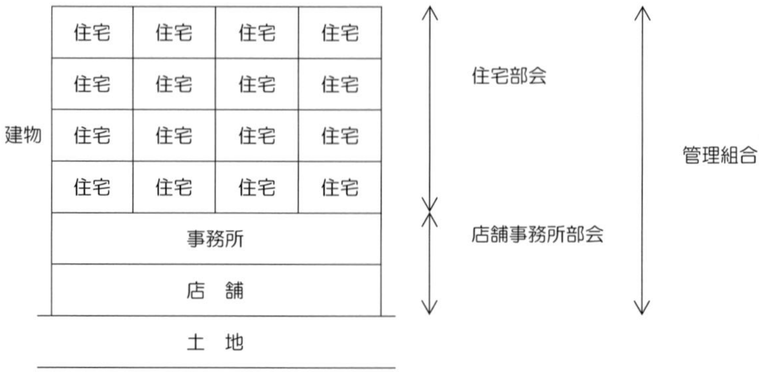

4-1 マンション形態の特徴とメリット・デメリット　*105*

　このように、住宅部分のみを対象とした管理組合（**図表 4-1** では「住宅部会」と表記している部分）しか置かれていない複合用途型のマンションも、管理や修繕を考えるうえで潜在的な問題を抱えている可能性があります。

　すなわちマンション全体を管理する組織がないということは、マンション全体の管理をするための管理費も徴収されていないことになりますし、マンション全体の共用部分を保全するための修繕積立金もないことから、必要な時に行うべき大規模修繕が行いにくい状況にあることが、その理由です。そして、**3-1-5** でも述べたように、計画的な維持修繕が行われていないマンションでは、築年数が一定以上経過すると建物や設備の劣化が顕著となる傾向が見られます。

　なお、これから新規に分譲されるマンションでは、以上に述べたようなことはないものと思われますので、念のために確認する程度で構わないと思われますが、特に、ある程度築年数が経過したマンションでは、規約や修繕履歴はしっかりと確認するべきです。

④　その他の留意点

　非住宅部分を構成する施設にもよりますが、住宅と比較すると管理運営に費用がかかることもあります。例えば、非住宅部分にエスカレータや専用のエレベータ等がある場合や、非住宅部分では共用部分も含めエアコンが稼働しているようなケースでは、住宅と非住宅部分の管理費や修繕積立金の割り振りの状態について確認したほうが良いかもしれません。

　例えば、規約の中で非住宅共用部分の管理は非住宅所有者が行うことが規定されているとともに、非住宅共用部分の管理費や修繕積立金と、全体管理組合の管理費や修繕積立金とが分別計上されているような場合には問題は少ないといえるでしょう。

106　第4章　マンションについての各論

◇ **参考：保育所がある場合**

　「保育園落ちた、日本死ね」という言葉が大きな社会問題となったことがあります。女性の社会進出を加速するためには、いわゆる待機児童問題は解決すべきですし、そのためには保育所の充実は社会的要請ともいえます。

　さて、最近は保育所が併設されたマンションも供給されています。ただし、このようなマンションがマンションの住民の中の子育て世代にとって優しいマンションであるか否かは、その保育所の類型次第で異なることを理解しておきましょう。

　すなわち、保育所は認可保育所と認可外保育所に分類することができますが、認可保育所は一般に競争率も高いため、マンションを購入できるような所得水準の区分所有者の子弟の優先度は低くなることが考えられますし、仮に認可保育所に入ることができたとしても同じ市区町村内のどこに入るかを決めるのは行政の判断となりますので、必ずしもマンション内の保育所に入れるとは限りません。

　逆に、認可外の保育所であれば、入園については行政の判断は関係なくその保育所の基準によることとなりますので、利用することができる可能性は高くなると考えられます。

3）この節のまとめ

　最近の複合用途型のマンションの中には、医療モール併設型のものなどもあります。医療施設等が同じマンションの中にあれば安心ですし、店舗が下層階にあるマンションは利便性も高く感じます。

　一方で、マンションによっては以上に述べたような問題があります。いずれにしても複合用途型のマンションの場合には、非住居部分がどのような使われ方をされているか、規約がどのような内容になっているか、そもそも全体を管轄する管理組合が組成されているか等をチェックしたうえで、購入の可否を判断すべきでしょう

4-1-4 | 団地

「団地」は区分所有法で定義されている

1) 団地とは

　区分所有法では、一団の土地の中に複数の建物があり、その各棟の所有者全員で土地や附属施設等を共有している場合には、その共有物を管理するための団体が構成されると規定しています（区分所有法第65条）。例えば、**図表4-2**のように、「甲」という土地に「A棟」と「B棟」という2つの建物が建っているとして、両棟の区分所有者ａｂｃｄｅｆｇｈｉｊ全員で甲土地を共有しているときは、甲土地を共有する団地が構成されていることとなります。

　また、**図表4-3**のように「乙」という土地にA棟が建っていて、乙土地はA棟の区分所有者であるａｂｃｄｅが共有し、「丙」という土地にB棟が建っていて、丙土地はB棟の区分所有者であるｆｇｈｉｊが共有しているものの乙土地内に存する管理棟をａｂｃｄｅｆｇｈｉｊで共有していれば、その管理棟を管理するための団体が構成されます。

　一方で**図表4-4**のように、乙土地にA棟が、丙土地にB棟が建っているものの、それぞれの土地は土地上の建物の区分所有者で共有されているだけで、他にも共有している建物や附属施設がない場合には、この2棟は区分所有法でいうところの団地ではありません。もっとも、注意すべきは、**図表4-4**のような状態でもA棟とB棟の区分所有者で「団地管理組合」を組成しているケースがあることです。区分所有法の団地の要件を満たしていないにもかかわらず「団地管理組合」を称していたとしても、その団体では、区分所有法による手続きを進めることはできません。

　なお、多くの場合は、**図表4-2**のように団地の土地を団地内の建物の所有者で共有しているため、本書ではこの「土地共有団地」を前提に団地問題につ

108　第4章　マンションについての各論

図表 4-2（土地・建物を上空から見た場合の図）（図表 4-3、図表 4-4 も同じ）

図表 4-3

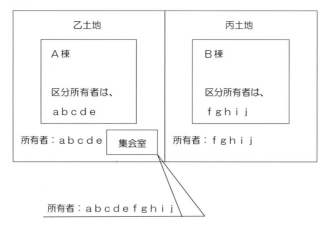

図表 4-4

いて考えることとします。

団地には様々なメリットも留意点もあります。

2) 団地のメリットと留意点

❶ メリット

① 土地に余裕があることが多い

規模の大小にもよりますが、団地は1つの土地の上に複数の建物が建っているので土地に余裕があることが多いといえるでしょう。このような団地は、比較的居住環境もよく、また附属施設も整っている傾向があります。

② 共用部分を介して住民交流等を図ることが可能となる

共用施設が充実していて、その共用施設を通じて住民交流が盛んに行われているほか、古い団地で1つの階段を向かい合う2戸で利用しているようなときには、結果として階段の利用を介して住民交流が図られていることも多いようです。そして、住民交流が図られている団地では、一般的に区分所有者の管理に関する意識も高くなる傾向があります。

③ 規模が大きくなると、いろいろな能力を持つ人がいる可能性が高くなる

大規模団地になると、区分所有者の数も多くなるため、区分所有者の中にもいろいろな専門家がいる可能性があります。そうした専門家の知見や経験を管理の役に立てることができれば良質な管理をすることが可能となります（規模が大きな場合に関しては、**4-2-2**を参照のこと）。

❷ 団地の一般的な留意点

① 法律関係がややこしいこと

マンション自体が法律上はかなり特殊な存在ですが、団地型のマンションとなると更に話がややこしくなります。そうしたことが日常の管理で問題となることはほとんどありませんが、築年数が経過して大規模修繕や改修等の検討の場面や、災害でそれぞれの棟が被害を受けたときの復旧などを考えるときには、そうした法律上の複雑な問題が顕在化することがあることは理解しておいたほうがよいでしょう。

② 団地の法律関係を正しく理解している専門家が多くないこと

上記①で述べたように、団地は単棟型マンションの管理とは異なることも少なくないのですが、このことを適切に理解している専門家もあまり多くないため、結果として必ずしも適法でない管理が行われていることもあるようです。もっとも前述のように日常の管理の場面でそのことが大きな問題となることはほとんどありませんが、将来的に団地が再生の検討を進める場合にはネックとなる可能性があります。

そのほか注意が必要な事項として、規約が団地管理組合規約として適切なものになっているか否かについてのチェックも必要でしょう。

③ 古い団地の場合の留意点

1983年の区分所有法改正以前に建てられた団地の中には、管理棟等が独立した棟として登記され、団地所有者全員で共有の登記がされているケースもあります。ところが、団地の区分所有権の売買の際に、この管理室等の所有権移転の手続きが忘れられて、古い登記が残っていることがあります。この登記残りがマンションの再生の際に問題となることがあります（**図表4-5**参照）。

図表4-5（土地と建物を上空から見た場合の図）

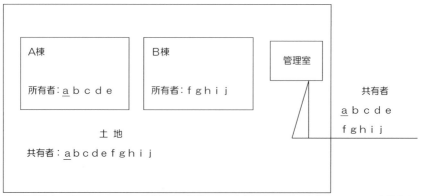

＊区分所有者aがこのマンションを売却する場合には、専有部分の区分所有権のほか、aの土地共有持ち分と管理室についてのaの共有持ち分も売却する必要がありますが、管理室の持ち分の譲渡を失念するケースがよく見られます。

4-1 マンション形態の特徴とメリット・デメリット　*111*

❸ 団地についての法的な留意点

　前述のように区分所有法では、一団地内に数棟の建物があり、その建物所有者らで土地や附属施設等を共有している場合を「団地」と規定しています。つまり、区分所有建物だけでなく一戸建て住宅で構成されていたとしても、その一戸建て住宅の所有者全員で土地や集会所等を共有しているような場合には、区分所有法上ではその共有土地や共有している集会所を管理するために団地が構成されることとなります。

　区分所有法は基本的には区分所有建物〜マンション等〜の管理等について定めた法律ですが、団地の規定だけは建物は区分所有建物である必要はないこととされています。すなわち区分所有法の団地は区分所有建物だけでなく一戸建て住宅等も対象となるため、区分所有法のなかでも団地に関する規定はわかりにくいものとなっています。

　なお、本書は、マンションの買い方について書いたものですので、ここでは区分所有建物で構成される団地を前提に話を進めています。

　ところで、区分所有建物で構成される団地の場合に、どうしても理解していただかなければいけない事項があります。それは、団地内の各棟の共用部分（建物の構造体等）はその棟の所有者の共有物であるのに対して、土地等は団地全体の建物所有者の共有物であることです。

　図表 4-2 の場合でお話すると、A棟の建物本体等はａｂｃｄｅの5人の共有物ですし、B棟の建物本体等はｆｇｈｉｊの共有物となりますが、土地はａｂｃｄｅｆｇｈｉｊの共有物となるわけです。

　さて、区分所有法第66条では、区分所有法の中で団地の場合に準用する規定も定められています。この中で基本的にはほとんどの規定が準用されていますが、何点か注意が必要な項目があります。

　第一は、棟の管理は、本来はその棟の共有者で行うべきですが、土地共有団地については団地管理規約で各棟の管理も団地管理組合が行う旨を規定していれば、団地管理組合が棟の管理をすることができるという点です。逆の言い方をすると、団地管理規約でその旨が定められていないと、各棟の管理は棟ごとに行う必要があることになります。

112 第4章 マンションについての各論

　第二は、区分所有法で団地管理組合に準用されていない事項については、各棟で対応しなければいけなくなることです。具体的には、棟の中で迷惑行為をする区分所有者や賃借人等がいる場合には、その迷惑行為の停止やその他の法的な対応は棟で行うこととなります。また、地震等の大規模災害が発生して、団地の中の棟の一部が小規模滅失や大規模滅失をした場合の復興の際には、その一部滅失した棟の復旧は各棟で対応しなければいけなくなります。

　現実には大規模災害は滅多にあることではありませんが、団地を購入する場合には、このようなことも念のために留意しておきたい事項です。

3) 団地についてのまとめ

　単棟型のマンションと違い、団地では区分所有者間の交流が比較的盛んなことが多いようです。そのため、こうした交流が好きか嫌いかにより、団地での住みやすさの実感も大きく異なるように思います。

　なお、団地では、管理組合はもとより団地内の自治会も機能していることが多いので、それらの団体活動を通じた区分所有者の交流が嫌いな人を除けば、住みやすいことが多いといえるでしょう。

　そのほか、団地全体の管理と棟の管理の違いについても理解をしておくことが必要です。

4-1-5 ｜ テラスハウス型のマンション

一戸建て感覚の集合住宅の可否

1) テラスハウス型マンションとは

　テラスハウスとは、一般的には2～3階建てくらいまでの建物で、各戸とも縦割りに各住戸を区分所有する、「長屋」形状の建物をいいます。

4-1　マンション形態の特徴とメリット・デメリット　*113*

　テラスハウスの中にも土地は共有であることもありますが、一方で、**図表4-6**のように、各住戸の戸境の中心部分で土地も分筆していて、それぞれの土地は、土地上にある専有部分の区分所有者が単独で所有していることが多いようです。そのため、自分の土地の上に自分の建物が建っているような感覚を持つ傾向があるようです。

　しかしながらこの場合、確かに土地はそれぞれの建物所有者が別々に所有していますが、テラスハウスは区分所有建物ですから、マンションの一類型となります。つまり、各区分所有者は一棟の大きな建物を縦割りに区分所有しているにすぎず、建物の構造部分はその棟の区分所有者全員で共有していることになります。

図表 4-6（一般的なテラスハウスを上空から見た場合の図）（図表 4-7 も同じ）

甲土地	乙土地	丙土地	丁土地
全体で一棟の建物			
Aの住戸	Bの住戸	Cの住戸	Dの住戸
A 所有	B 所有	C 所有	D 所有

公　　　道

　また、**図表 4-7**のように、テラスハウスの中には専有部分の下に位置する土地は単独で所有しているものの、それらの土地を取り巻く通路等は区分所有者全体の共有物であるという極めて複雑な権利形態となっているものもあります。

図表4-7

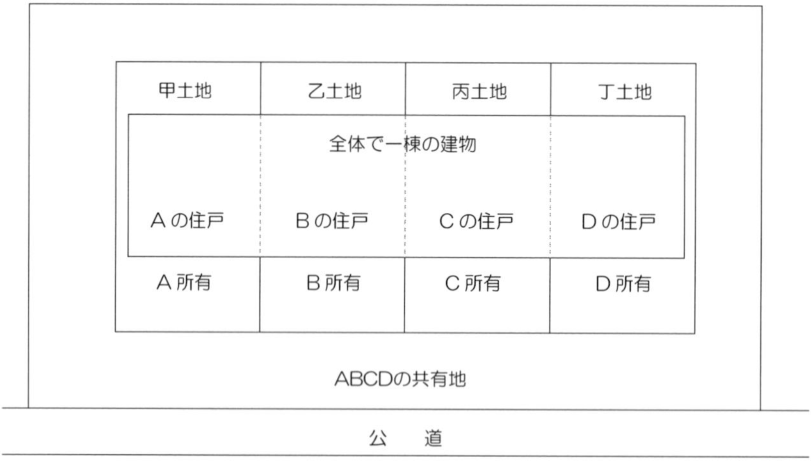

甲土地	乙土地	丙土地	丁土地
全体で一棟の建物			
A の住戸	B の住戸	C の住戸	D の住戸
A 所有	B 所有	C 所有	D 所有
ABCD の共有地			

公　道

2) テラスハウスのメリットと留意点

❶ メリット

① 一戸建て感覚で利用できること

　　テラスハウスは、建物は長屋状となっているため、それぞれの専有部分に庭もありますし、また建物も1階と2階等を利用することができるため、一戸建て住宅に近い感覚で居住できることが最大のメリットといえるでしょう。

② 公道等の道路に直接面する形で土地が分割所有されている**図表4-6**のような場合には、区分所有建物を解体してしまえば、その後は各人が単独の一戸建て住宅に建て替えることも可能です

③ 同じく**図表4-6**のような場合には、建物所有者全体の同意を得て建物を切り取り解体することができれば、そのあとはその解体をした者は自らの土地上に一戸建て住宅を建築することも可能となります。

4-1 マンション形態の特徴とメリット・デメリット　*115*

❷ 留意点

① 区分所有者の認識不足

テラスハウスの最大の問題点は、各住戸の所有者が、建物を区分所有建物だと認識していないことが多いことでしょう。もちろん、管理組合もあり、計画的な維持修繕が行われているテラスハウスもありますが、そうでない場合には棟全体の計画的な維持修繕が行われていないことも十分に考えられます。

加えて、中には、他の区分所有者の承諾もなしに自分の居住する住戸を切り取り解体して、自分の土地の上に独立して住宅を建築しているケースもあります。しかしながら、建物全体が棟の区分所有者全員の共有物であることを考えれば、仮に切り取り解体をして自分の住宅を建築するようなときには、棟所有者全員の承諾を得なければいけません。

その他、庭にも余裕があるため、他の区分所有者の承諾を得ずに建物を増築していることもありますが、建物は棟の区分所有者全体の共有物であることを考えると、増築をする場合にも、他の区分所有者の承諾は必要となります。

② 建替え等の検討の際の問題

なお、土地が分割されて土地の所有が各区分所有者にそれぞれ帰属しているとしても、これまで述べたようにテラスハウスは棟の区分所有者の共有物ですが、建物が老朽化して建替えを検討する場合には、その時点の棟所有者全員の合意がない限りテラスハウスの建替えをすることもできません。

また、**図表 4-7** で示すような場合は、そもそも各土地は道路に直接面しているわけではないため、切り取り解体をしたうえで単独の建物として建て替えることも困難でしょう。

3）この節のまとめ

土地が分有されている形のテラスハウスは、土地は自分の土地ですから自由に使うこともできますし、一戸建て感覚で居住することができるので、そうし

116 第4章 マンションについての各論

た点にメリットを感じる人もいるかもしれませんが、少なくとも持ち家という観点から考えると問題が多いように思われます。

　また、テラスハウスで構成される団地（土地共有団地）については、各棟が2〜6戸程度で構成されていることが多いため、建替え等の出口戦略を検討する場面では大きな壁に当たる可能性が高くなります（区分所有法第70条の団地一括建替え決議は、団地建物所有者全体の5分の4以外に、各棟の区分所有者と議決権の3分の2の賛成が必要ですが、2戸で構成されるような棟があると、その中の1人が反対すれば、他の全員が賛成しても建替えを決議することはできなくなるためです）。

　いずれにしても、短期的にはともかくとして、長い目で見るとテラスハウスの購入はお勧めできません。

　個人的には、テラスハウス型の分譲に一番適しているのは、期間満了で地主に土地を返却する必要がある定期借地権を敷地利用権とするケースのみと考えています。

4-1-6 ｜ 借地権マンション

借地権にもいろいろな類型がある

1）借地権マンションの概要

　大都市部においては、一定の数の借地権マンションがあります。借地権マンションとは、建物は区分所有者がそれぞれ区分所有していますが、敷地は地主から区分所有者全員で借り受けているマンションを意味します。この場合、区分所有者全員で借地権を準共有（難しい言葉で恐縮ですが、「共有」とは法律上は所有権についての概念であり、所有権以外の権利を共有している場合を「準共有」と呼びます）していることになります。

4-1 マンション形態の特徴とメリット・デメリット　*117*

　なお、ここでいう借地権とは、借地借家法という法律で「建物所有目的の地上権もしくは賃借権」と定義されているものを意味します。このうち「賃借権」とは「対価を支払って建物所有目的で土地を借りる契約」をしている場合の権利ですが、「地上権」とは民法上の物権であるため、同じ借地権でありながら賃借権よりも強い権利となっています。

　ところで、借地借家法により賃借権も地上権も大きな差がなくなっていますが、マンションについて考えるときに、賃借権型の借地権のマンションでは敷地の登記がされていないことがほとんどですが、地上権マンションは登記簿の「乙区」に地上権の登記がされていることが多くなっています。

　なお、借地権マンションの中には、旧借地法の借地権（以下「旧法借地権」といいます）によるマンションと、定期借地権マンション、普通借地権マンション等の類型があります。わかりにくい話で恐縮ですが、旧借地法による借地権にも賃借権型と地上権型がありますし、定期借地権についても普通借地権についても同じように賃借権型と地上権型があることになります。

　このうち、旧借地法による借地権と普通借地権の違いは次のようになります。なお、定期借地権については **4-1-7** で説明します。

a. 旧法借地権では建物の構造について「堅固建物」と「非堅固建物」の区別があるのに対して、普通借地権では特に建物の構造による分類はありません

b. 旧法借地権では、堅固建物の借地期間は原則 60 年としているものの契約で 30 年までの期間を設定することができることとし、また、非堅固建物の借地期間は原則 30 年としているものの契約で 20 年以上で設定することができるものとしていますが、普通借地権では建物の構造にかかわらず 30 年以上で設定することとしています。

c. 契約の更新後の期間について、旧法借地権では堅固建物の場合は 30 年以上、非堅固建物の場合は 20 年以上で設定するものとしていますが、普通借地権では第 1 回目の更新は 20 年以上、2 回目以降は 10 年以上で設定することとしています。

以上のような分類となりますが、以下ではこれらをまとめて借地権といい、

これらの権利によるマンションを借地権マンションといいます。

　借地権マンションは、いずれの場合も、当初は地主とマンション開発事業者で借地契約を設定し、マンション開発事業者がその借地上にマンションを建築したのちに、区分所有権と借地権の準共有持ち分を購入者に売却をする形態をとることが通常です。そして、マンションの分譲が完了すると、区分所有者全員で借地権を準共有することとなります。

　借地権マンションについて、「管理組合が地主から土地を借りている」と思っている人もいるようですが、管理組合はあくまでもマンションを管理する団体です。実際には、管理組合がいったん各区分所者（借地権準共有者）から地代を集めて地主に支払っているケースが多いと思いますが、管理組合は一度地代を収受してまとめて地主に支払っているにすぎません。そのため借地人は管理組合ではなく敷地利用権としての借地権を有する区分所有者全員となることを念のため確認しておきます。

2) 借地権マンションの基本的なメリットと留意点

　借地権マンションについての基本的なメリットと留意点としては、次のようなものを挙げることができます。

❶ メリット

①　所有権マンションと比較した場合の価格の安さ

　　所有権は文字通り土地を所有しているのに対して、借地権の場合は土地は所有者から借りているため、借地権マンションのほうが所有権マンションよりも価格は安くなります。

②　土地の固定資産税は支払わなくてよいこと

　　借地権の場合は、土地の所有者は地主ですから、借地人は土地の固定資産税や都市計画税の納税義務はありません。

❷ 留意点

①　地代の支払い

借地権の場合は、基本的に地代の支払いが必要となります。また地代の額は固定ではなく、土地についての固定資産税が改定されたり、また物価が上がったりすると地代も改定されます。なお、地主は収受した地代から固定資産税を支払うこととなりますので、地代は当然ながら固定資産税よりも高くなります。一般的には固定資産税・都市計画税の3倍くらいと言われていますが、場所によっても相場は異なることがあります。

② 第三者に売却する場合

借地権マンションを第三者に売却をする場合、借地権が賃借権であるときは地主の承諾が必要です。また、この際、一般的に地主に対して名義書換承諾料を支払うことが多いようです。この点については契約書等で取り決められている場合もありますし、契約書に取り決めはないものの慣行として決まっている場合もあります。なお、借地権が地上権の場合には、地主の承諾なく借地権を第三者に売却することができます。もっともこの場合でも、借地人が変わることについて地主に通知はすべきです。

③ 旧法借地権や普通借地権における更新

定期借地権以外の借地権は、契約の更新をすることが可能ですが、多くの借地権マンションでは更新を具体的にどうするかについては契約書にも規定がないため、その時点になると混乱する可能性があります。特にストックマンションで借地権の残存期間が短い場合には、近い将来に更新に関する問題が発生する可能性があることは認識しておくべきでしょう。

④ 借地権の残存期間によるローンの制約

定期借地権の場合はもとより、更新される借地権である旧法借地権や普通借地権の場合でも、契約上の残存期間が短くなると、金融機関から融資を受ける際の条件が厳しくなる可能性があります。例えば、住宅ローンを組む場合の返済年数が借地権の残存期間以下で設定されるようなことがありますが、このようなことになると、仮に契約上の残存期間が10年のときには、そのマンションをストック市場で売買する際には、購入者の側が借入をする際には最長でも10年返済までのローンしか組めなくなるために、そのことが売買価格の制約要件となることも考えられます。

なお、定期借地権の場合は、残存期間が短くなると住宅ローンの審査が更に厳しくなる可能性も考えられます（そもそも定期借地権マンションについては、プロパーの住宅ローンがないため、融資を受けることが困難なことも少なくありません）。

3) 旧法借地権マンションで考えられるその他の問題

平成4年に借地借家法が制定されたときは、この法改正により誕生した定期借地権を普及促進するために、当時の建設省（現国土交通省）が音頭をとって、有識者を集めて定期借地権住宅に関する仕組みが検討され、更に契約書のひな型も作られました。実際にこの過程において、従来の借地権マンションについての問題が改めて認識されましたし、その議論の成果が定期借地権の契約書のひな型においても反映されています。

以上の理由から、この時期以降に分譲された借地権マンション（定期借地権マンションや普通借地権マンション）については、このときの成果をもとに借地契約書を作成するようになったことから、大きな問題はないことが多いのですが、この時期以前に分譲された旧法借地権マンションは、公に契約書のひな型も用意されていなかったため、借地契約そのものに大きな問題があるものもあるようです。

私も、そうした問題の全部を認識しているわけではありませんが、私が認知している事例をいつくかあげさせていただきます。

① 契約書の内容がばらばらになっているケース

1) で述べたように、借地権マンションを分譲するときは、本来はマンション分譲会社が地主と借地契約を締結し、その借地契約を区分所有者全員に引き継ぐ形態をとる必要がありますが、当初の契約が地主とそれぞれの区分所有者で個々に交わされているケースがあります。この場合、同じマンションの区分所有者のなかでも契約時期によって借地権の始まる次期と終る時期が異なることがあります。

また、このようなマンションがストック市場で売買された場合に、前の所有者からマンションを購入した区分所有者と地主との間で、新たに借地

4-1 マンション形態の特徴とメリット・デメリット　*121*

契約を設定しなおすこともありますが、この契約の際に借地期間まで変更されるような内容になっていることさえあります。

　以上の結果、区分所有者それぞれで借地権の始まる時期と終わる時期も異なり、借地期間までばらばらな契約が交わされているようなことになると、契約更新の手続きをどのようにするのか、非常に気になります。

② 　更新時の措置

　前述のように、借地権の更新時の措置も大きな課題といえるでしょう。例えば、借地契約書において更新時には更新料を支払う旨の特約がある場合に、更新料の支払いを借地権の準共有者間でどのように決めるのか等も問題になるように思います。

③ 　地代の支払いを遅滞する区分所有者がいる場合

　地代の支払い債務は分割債務であるという判決もありますが、多くの借地権マンションでは、前述のように区分所有者は管理費や修繕積立金とともに地代を管理組合に支払い、管理組合が収受した地代を地主にまとめて支払うようにしています。ところで、区分所有者の中には管理費や修繕積立金の支払いを滞納する人もいますが、こうした人物は地代も滞納しているものと思われます。このようなときに、管理組合が地代の支払いを滞納している人物の地代を抜いた額のみを地主に支払おうとしても、地主は満額でなければ受け取らない可能性もあります。

　マンションによっては、地代基金のようなものを用意しており、滞納者がいたとしてもその基金から滞納分を立て替えて支払う仕組みをとっていることもありますが、そうした仕組みがない場合には何らかの対応をする仕組みを構築しているか否かについても、チェックが必要でしょう。

　なお、管理組合が各区分所有者から地代を収受してまとめて地主に支払っているケースで、地代の支払いを遅滞している者がいるときに、管理組合が管理費や修繕積立金で地代の穴埋めをしていることも考えられますが、地代と管理等は性格を異にするものです。まして修繕積立金は規約で使途が決まっていますから、管理組合が勝手に準用できるものではありません。そうなると、最低でも規約で、管理費等から滞納分の地代の補填が

できる旨の規定がない限りはこの手続きは管理上問題があるといるでしょう。

④　その他

他に考えられる問題として、例は非常に少ないのですが、転借地権が設定されているケースを挙げることができるでしょう。

4) この節のまとめ

借地権マンションの最大の魅力は購入額の安さです。もっとも地代の支払いもあることから、本当に価格的に割安であるかの判断をすることは必要です。そのほか、その負担を含めて地主との関係も可能な範囲で確認しておくべき事項といえるでしょう。

なお、前述のとおり管理組合は借地人ではないため、借地権に関する事項は基本的には管理組合の総会で借地権の協議をするべきではなく、借地人による集まりの中で協議をすることが必要になるものと思われます。もっとも規約で定めておけば少なくとも管理行為についてはある程度対応することができるでしょう。このようなことを考えると借地権マンションの購入の際にも規約のチェックが重要となります。

4-1-7 定期借地権付きマンション

終期が明確である定期借地権はマンションに向いた制度である

1) 特 色

定期借地権も借地借家法に定められた借地権の一部であるため、基本的な特性は 4-1-6 で述べた借地権マンションと同じです。すなわち、地上権型の定期借地権と賃借権型の定期借地権がありますし、基本的なメリット・デメリッ

トも同じです。

定期借地権の最大の特色は、期間満了で契約が終了することです。そのため、通常の借地権マンションのように、契約の更新について地主と協議をする必要はなくなりますが、一方で期間満了での明渡しをどうするかについては、契約書等で定めておくことが必要です。

2) 定期借地権のメリット、デメリット

❶ メリット

① 価格面での安さ

基本的には前節と同じです

② 土地にかかる固定資産税等の支払いの必要がないこと

基本的には前節と同じです

③ 契約書等がしっかりしていることが多いこと

旧法借地権マンションについては、自然発生的に誕生したものであるため、契約書についてまとまったひな型もなかったことから、内容にかなりの差がありますが、前項でも述べたように定期借地権については制度が誕生した当初に国も関与しながら契約書等の整備を行っていたことから、契約書もしっかりとしたものが多くなっています。

④ 期間満了で終わる準備もできているものが多いこと

多くの定期借地契約では、期間満了時は更地解体を原則としています。マンションの場合は解体費もかなり高額になることと、解体費の徴収に際しても合意形成が必要になることから、予め「解体積立金」の仕組みを作っていることがすくなくありません。

ところで、最近では所有権マンションでも老朽化した場合に備えて解体積立金の制度を作ることが必要と言われていますが、定期借地権マンションでは時代に先駆けてそうした仕組みまで考えられていたことになるわけです。

❷ 留意点

① 地代の支払い義務

基本的には前節と同じです。

② 地主との関係が重要であること

基本的には前節と同じです。

③ 期間で終了すること

期間で満了することは、必ずしも定期借地権のデメリットとは言えないことは、メリットの④で述べた通りですが、いずれにしても資産価値は経年的に減少することと、特に残存期間が短くなった場合には、融資等の対象にはならない可能性が考えられますので、この点には留意することが必要でしょう。

そのほか、区分所有者が高齢化した時点で期間満了になったらどうするのか等の指摘もありますが、終期が予め決まっているわけですから区分所有者の側であらかじめ準備をすることも可能といえるでしょう。

④ 契約書のチェックは必要であること

定期借地権は平成4年の借地借家法の改正により新しく誕生した借地権であり、制度創設当初は国もこの制度を広げるために契約書のひな型を用意するほか、定期借地権を使った様々な取組みについての検討も進めていました。そのため、定期借地権マンションの供給をする場合も、参考となる資料も多かったため、契約書等もかなり良い内容のものを作る土壌はありますが、必ずしもすべての定期借地権マンションの契約が適切に作られているわけではありません。その意味では、契約書のチェックは必要になります。

⑤ 融資の仕組みが必ずしも整っていない

金融機関サイドとして、担保価値の判断が難しいため、定期借地権マンションについては、融資の仕組みの問題があります。個人的には定期借地権マンションの最大の問題はこの融資の問題であると考えています。

例えば、住宅金融支援機構のフラット35は定期借地物件を排除していないのですが、現実にはフラット35を利用した商品を作っている金融機

関の側で定期借地物件を排除していることも考えられます。

　もっとも、昨今では分譲会社が、予め金融機関と二次流通の際も一定の
ルールのもとに融資ができる仕組みを作っていることケースもありますの
で、こうした点も含めよく確認をされるべきです。

3）この節のまとめ

　個人的には、定期借地権マンションはよくできた仕組みであると思います。
一方で、販売価格に加えて地代も併せて考えた価格面での優位性のチェックや
契約書等のチェックは必要ですし、中古流通に際しての融資等の問題が大きな
問題だと思います。もっともこの点がクリアーできれば非常に良い仕組みだと
思います。

　なお、昨今では、分譲会社が、あらかじめ二次流通の融資も用意した定期借
地権マンションも供給されているようです。

126　第4章　マンションについての各論

4-2 専有部分が多い 区分所有者がいる場合／ 規模の大小による違い

4-2-1 ｜ 1人で多くの専有部分をもつ 区分所有者がいるマンション

一定以上の大きさの専有部分をもつ区分所有者がいる場合の注意事項は？

1) 何が問題か

　マンションの特性としては、権利形態や法律上の違い以外にも、すべてに共通して留意すべき点があります。以下ではそうした観点から、いくつかのケースについて考えてみましょう。

　その第一として、1人で多くの専有部分を持つ区分所有者がいる場合を挙げさせていただきます。

　多くのマンションは、それぞれの住戸（専有部分）を別々の区分所有者が所有しています。しかしながら、マンションの中には1人の区分所有者が、多くの専有部分を有していることもありますし、また専有部分としては「1」なのですが、その専有部分がフロアーの全部、或いは複数のフロアーに及んでいることもあります。

　例えば、低層階の数フロアーを企業の事務所や行政施設が区分所有していて、高層階を区分所有しているケースについて考えてみましょう。

4-2 専有部分が多い区分所有者がいる場合／規模の大小による違い *127*

　こうしたマンションについて、区分所有法の規定の中で特に注意しなければいけない事項としては、「規約の設定・変更」と「共用部分の変更（軽微な変更は除きます）」、「マンションが大規模滅失の場合の復旧」と「建替え」を挙げることができます。なぜならば、このマンションで建替えを決議する場合は区分所有者と議決権の各5分の4以上が、また共用部分の変更（軽微なものを除く）や規約の設定や変更等についても区分所有者と議決権の各4分の3以上の決議が必要とされているためです（なお、共用部分の変更については、区分所有者の定数については規約で過半数まで減ずることができるとされていますが、特別決議事項の議決権について、規約で要件を緩和することはできません）。

　さて、ここで述べたケースで「注意しなければいけないこと」とは、区分所有者と議決権のそれぞれについて基準を満たさないと、これらの事項の決議をすることができないという点です。

　この問題について設例で考えてみましょう

　1階と2階を区分所有者ⅴが1つの専有部分として所有し、3階から5階をa〜uの21人の区分所有者がそれぞれの住戸を区分所有しているものとします。なお、それぞれの床面積は次の通りだとします（議決権は床面積案分だとします）。

　1・2階の専有面積　　　　　　700㎡
　3階以上の各住戸の床面積　　　50㎡
　床面積の合計　　　　　　　　1,750㎡

　この設例のマンションでは、区分所有者は22人ですから、仮に管理組合の総会で何らかの決議を行う場合に、1・2階の所有者であるⅴが反対したものの、他の区分所有者全員が賛成した場合には区分所有者の頭数では21/22ですが、議決権では3/5に過ぎません。そのため、総会で決議すべき内容が普通決議事項であるときにおいては問題はありませんが、先ほど述べた規約の変更や軽微変更以外の共用部分の変更、建物が大規模滅失した場合の復旧、建替え等の決議の場合は、議決権の部分で決議要件を満たすことができなくなります。

　もちろん、大きな専有部分を持つ区分所有者がいる場合のすべてに問題があるわけではありません。このような区分所有者が積極的にマンション管理に協

図表4-8 a〜uは同じ専有面積とする。議決権は専有面積割合とする。(建物を横からみた場合の図)

力する場合には、マンションにとってはかえってよい結果を生むことも少なくありません。ただし、場合によっては上述のようなことが生じる可能性があることは理解しておくべきでしょう。

※このケースv以外の区分所有者が全員賛成の場合
　　　区分所有者ベース　　　賛成21、反対1
　　　議決権ベース　　　　　賛成60％、反対40％

2）この節のまとめ：1人で多くの専有部分を有する区分所有者がいる場合のチェック事項

　1人で多くの専有部分を有する区分所有者がいるマンションでは、以上のような問題があることを理解しておきましょう。もっとも、前述のようにこのような場合であっても、その最大の権利者が管理にも非常に協力的な人物（あるいは組織）ということもありますし、そのときにはこの状況はむしろメリットとなります。

　なお、こうしたマンションにおいて、規約の中で多くの専有部分を所有する区分所有者に著しく有利な事項が入っている場合も要注意です。

　現実に、あるマンション管理士から聞いた話で、次のようなマンションがありました。そのマンションは、設例で挙げたように、1人の区分所有者が全体の1/3ほどの専有部分を区分所有していたのですが、その区分所有者の関係者

4-2　専有部分が多い区分所有者がいる場合／規模の大小による違い　*129*

が管理する管理会社がマンションの管理をすることが規約で定められていたようです。そして、その管理会社の管理費用が相場より高かったため、管理組合の総会で管理会社の変更を検討したところ、区分所有者の圧倒的多数は管理会社の変更を希望したものの、床面積の1/3を有する区分所有者が賛成をしないため、規約の変更ができず、結果として管理会社も変更ができなかったというケースです。

　一方で、前述のように、1人で多くの専有部分をもつ者が管理に極めて協力的であれば、そのことがむしろメリットとなります。そうなると所有者の属性や、規約の内容等を確認して購入の可否を判断すべきといえるでしょう。

4-2-2 | 規模の違いによる留意点

大規模マンションと小規模マンションでは、特性も異なる

1）マンションの規模による比較のポイント

　マンションには数戸程度の規模が小さなものもありますし、超高層マンションでは500戸を超える規模となることもあります。更に、団地の中には1,000戸を超えるものもあります。こうした中で、どのくらいの規模のマンションがよいと考えるべきでしょうか。

　「マンションは規模が大きいほうがメリットが多い」という話をする人もいますが、結論から言えば規模が小さなマンションはそれなりのメリットもデメリットもありますし、規模が大きなマンションでもメリット・デメリットがありますので、一方が有利である旨を決めつけることには問題があります。ここでは、いくつかの視点からマンションの規模についてのメリットとデメリットを挙げたうえで、最後に筆者の見解を述べることとします。

130　第4章　マンションについての各論

❶ 管理費や修繕費の負担

　マンションの管理をする場合には規模の大小にかかわらず一定の費用が発生します。例えば管理員に毎日9時から17時まで管理室に詰めてもらう場合に、その管理員に支払う給料の総額はマンションの規模が10戸の場合でも50戸の場合でも大きく変わりません。そうなると、規模が小さなマンションで区分所有者の数が少ない場合には、区分所有者1人当たりが分担しなければいけない負担は当然ながら大きくなります。

　一般的には、規模が大きくなると相対的に管理費の負担は軽減できますし、規模が大きなマンションが規模の小さなマンションと同じレベルの管理費を収受すれば、管理の質を向上させることが可能となります。

　すなわち、通常であれば規模が大きなマンションのほうが管理費の負担の面では有利になるといえるでしょう。

　もっとも、規模が大きなマンションでも、贅沢な共用施設がたくさんあるようなときには、管理費は高くなりますし、前述のような超高層マンションも普通のマンションと比較すると管理費や修繕費は高くなる可能性があります。

❷ 管理組合の運営

　マンションの管理組合は、法律とそのマンションの規約をベースに運営をします。ところで、区分所有法では、マンションの運営は「直接民主制」をとっています。すなわち、1,000戸の団地でも2,000戸の団地でも、予算や決算の承認、規約の変更、共用部分の変更、或いは建替え等を決議する場合には、管理組合（あるいは団地管理組合）の総会で決議する必要があります。

　ところで、住戸が1,000戸くらいの規模になると、小さな地方自治体レベルの規模であると考えることもできますが、町や村では、規模の大小にかかわらず町会議員や村会議員を選挙で選び、予算も決算もその他の事項についても議会で決めることができます（最近は、村議会を解散して直接民主制で対応することを検討する自治体も出てきているという話も聞いていますが……）。ところが、マンションではそうした仕組みを採用することができません。

　場合によっては、「総代会」の制度を置くことも考えられますが、区分所有

法では、予算や決算の審議をするために毎年1回は総会を開くことを求めていますし、規約の設定や変更、共用部分の変更や建替え等の重要事項は必ず総会で決議する旨が規定されています（この点については **3-1-3** 参照）。

このようなことを考えると、規模が大きなマンションや団地は、執行部がよほどしっかりしていないと、管理組合の運営が非常に大変になるものと思われます。

なお、まとまりの良い小規模マンションの場合では、管理組合運営が極めてうまくできていることも少なくありません。

❸ 人材の豊富さ

マンションを管理する中で、通常は大きな問題が発生することはありません。しかしながら、大規模修繕や改修等の検討が必要な場合、或いは規約の見直しをするような場合には、管理組合サイドにもいろいろな知見が求められる場面があります。

このようなときに、大きな規模のマンションであれば、区分所有者の中には、「建築の専門家」、「法律の専門家」、「税金の専門家」、「金融の専門家」等様々な人材がいる可能性があります。区分所有者の中に様々な人材がいて、彼らの専門知識を利用することができるのであれば、管理組合としても心強いのではないでしょうか。

こうしたことを考えるとある程度まとまった規模のマンションのほうが、人材のバリエーションがある可能性が高くなるものと考えられます。

もっとも、小規模マンションでも、数少ない区分所有者それぞれが優れた人材で構成されているケースもありますから、これもあくまで一般論で述べた場合の話です。

2）この節のまとめ

以上のような点から、私は、ある程度の規模がありながら一方で区分所有者相互間でお互いを認識できるくらいの規模のマンションが妥当な規模と考えています。具体的には50〜200戸程度、或いは300戸程度くらいまででしょうか。

132　第4章　マンションについての各論

　もっとも、管理が適切に行われている場合には、より小規模なマンション、或いは大規模団地においても問題なく管理ができているケースもあります。

　なお、築年数が経過した場合に再生を考える場面や大規模災害等の場面を考えると大規模物件では合意形成が大変な可能性もありますが、一方で、東日本大震災で被災した浦安の大規模団地でも、管理組合がしっかりしていた場合には、逆に団地であり多様な区分所有者がいることから、むしろ復興が早くできたものもありました。そうした意味から考えると、本書でも何度も指摘していますが、マンションは管理を買うべきなのでしょう。

第5章
ストックマンションの選択眼

134　第5章　ストックマンションの選択眼

5-1　ストックマンション基礎意識

5-1-1 | ストック住宅市場の概要とストックマンション

これからはストック住宅が注目を浴びる時代となる

　今から20年以上も前の話ですが、アメリカの住宅の平均寿命は44年、イギリスでは75年であるのに対して、わが国の住宅の平均寿命26年に満たないと試算をした結果を国土交通省が発表していました。なお、最近では、アメリカの住宅は103年、イギリスは141年に対してわが国では27年等という話もあります。この双方の数字には違いもありますが、このうちのどちらが正しいかではなく、ここではわが国の住宅の耐用年数が他の先進国よりも著しく短いことを確認したいと思います。

　さて、わが国の住宅が比較的短いサイクルで建て替えられていることについては様々な理由があると思いますが、住宅の購入は家具や電化製品の購入のきっかけともなること等の経済的な効果の大きさから、政策的に新築住宅を購入しやすい仕組みができていたことと、住宅を供給する側もその仕組みにうまく乗って業務を拡大していたことなどが大きな理由であることは間違いないでしょう。

　すなわち、わが国では、税制からローンの金利や返済期間にいたるまで、新

築住宅を取得することについて有利な仕組みがつくられていました。これに加えて、消費者の側にも「新築住宅信仰」が根強かったことから、新築住宅を売ることで利益を得ることができる建設会社や不動産会社の側でも新築住宅を大量供給してきましたし、供給された新築住宅も消費される状態が続いていたわけです。このような事情から消費者の住宅ニーズの大きな部分を新築住宅で満たすことができていたため、結果としてわが国ではストック住宅が十分に育っていない状況にあります。

　ところで、数年ほど前から「空き家」が大きな社会問題としてクローズアップされていますが、空き家が発生する大きな原因の1つとして、新築住宅の過剰供給が挙げられています。加えて、短いサイクルで建物のスクラップ＆ビルドが進むことは資源の無駄使いにもつながることになるため、環境共生の観点からも、新築住宅の供給は必要なレベルに抑えてストック住宅を有効に利用することがこれからの時代の社会的な要請となります。

　こうしたなかで、一戸建て住宅と比較するとマンションはストック市場もある程度は育っている状況にあるといえるでしょう。その1つの理由は、マンションは構造も鉄筋コンクリート造等の堅固なつくりであることから、一戸建て住宅でよく言われているように「築後15年で建物価値は0」とはなっていないことを挙げることができます。また、最近では、築年数の古いマンションを比較的安価に購入して、大規模リノベーションをして住むこと等も広く行われるようになってきています（もっとも、この傾向については、考慮すべき問題が発生しているケースがあります。**5-3-3** をご参照ください）。

　さて、今後は新築住宅の供給数は減少するといわれていますし、最近では東京都内の一部の区で大型のマンション供給が進みすぎたため、学校等の公共インフラが大幅に不足することから、行政の側が新規のマンション供給を抑制する措置が講じられる可能性がある旨の報道もありました。このような動きが進むと、既存ストックの活用がより一層注目されることとなるでしょう。

　もっとも、マンションのストック市場は健全に育っているかといえば、私見を申しますと玉石混交状態、すなわち良質なストックマンションも数多くある

反面、問題のあるストックマンションも決して少なくない状況にあると思います。

そこで、本章では、ストックマンションの見分け方について考えてみましょう。

5-1-2 | ストックマンションの見分け方の基本

買ってよいストックマンションと、買ってはいけないストックマンションがある

ストックマンションを購入する場合の基本的な留意点も、新築マンションの場合と同じです。すなわち、第2章で述べたように立地や建物を適切に判断するとともに、第3章で述べた「管理の良否」にも留意する中で購入の可否について判断をすることです。

もっとも、新築マンションの購入と同じ留意点に加えて、ストックマンションならではのチェックポイントもあります。

1）チェック事項1：管理についての情報

その第一は、ストックマンションではすでに管理組合によりマンションが管理されていることから、管理がまだ始まっていない新築マンションとは異なり、管理の良否を判別するための情報を得やすい点です。すなわち、新築マンションを検討する際は、管理について判断をするとすれば、規約や使用細則の内容をチェックすることと建物を管理する予定の会社の評判程度しか材料がありませんが、ストックマンションは現在進行形で管理がされているわけですから、売主や、可能であれば管理組合から管理に係る情報を提供してもらうことができれば、それらは買主の側が管理の良否を判断するうえで大きな材料とするこ

とができます。

2) チェック事項2：
　供給時期による違いを理解すること

　ストックマンションのチェックポイントの第二は、供給時期によりマンションの特性が異なることを理解することです。最近のマンションは建物の基本性能はかなり良くなっていますが、30～40年以上前のマンションは建物のスペック、例えば、床の厚さや隣接住戸との間の壁の厚さ等も今のマンションと同じレベルではないと考えるべきですし、供給時期によっては建物の耐震性能に問題があることもあります。すなわち、「マンション」とひとくくりで考えられている不動産の中で、特に、ストックマンションについては供給時期によって様々なバリエーションがあることを理解しておく必要があります。

3) チェック事項3：リノベ再販における留意点

　最近は、都心部にある築年数の古いマンションを購入してフルリノベーションをしたうえで住むことが1つの流行りになっています。しかしながら、住戸の中が快適な状態になったとしても、建物のスペックが今のマンションで求められている水準と比較して著しく落ちるようなときには、そのマンションを購入しても真の意味での快適な生活を享受できる保証がないことを知っておく必要があります（なお、古いマンションを購入したうえでリノベーションをする場合や、あらかじめ不動産会社等がリノベーションをした「リノベ再販物件」を購入する際は、**5-3-3**の「参考」もご参照ください）。

4) チェック事項4：価格が本当に適正か

　なお、ストックマンションには新築プレミアムがないため、新築マンションと比較すると価格的にも妥当なものが多いといわれています。しかしながら、ストックマンションには築年数にかかわらず良い状態のマンションもありますし、そうでないものもありますので、単に「駅徒歩○分、専有面積○○㎡の南向きの○LDK、築○○年」という情報だけでなく、そのマンションの特色を

138　第5章　ストックマンションの選択眼

十分に考えたうえで購入の可否を判断すべきです。特に高経年マンションで近い将来に「建替え」や「マンション敷地売却」を検討する可能性があるときは、そのマンションの建替え等を前提とした評価よりもはるかに高い市場価格がまかり通っていることもあるため、**5-3-3** で書かれたこと等もよく理解せずに高経年ストックマンションを購入すると大失敗をする可能性もあります。

　以下では、これらの点について具体的に考えてみましょう。

5-2 管理の良いストックマンションの見分け方

5-2-1 | 管理の良いマンションとは

一番大切なことは、区分所有者の意識

1) 管理の良いマンションとは

　多くのマンションは堅牢な構造で作られていますが、建物は常に風雨や日照等の過酷な環境にさらされています。また、大きな地震は発生しなくとも、震度3や4クラスの地震は日本各地で定期的に観測されています。「点滴石を穿つ」という言葉のとおり、石の上に水滴が落ち続けると固い石でさえ徐々に削られていくわけですから、過酷な自然環境に置かれている建物も、目には見えませんが時間の経過とともに劣化は進んでいるため、長期にわたりマンションを一定の水準に保つためには、建物本体や設備を定期的に点検して補修や修繕をすることが必要であることは言うまでもないことです。そのため、適切な維持管理がされていないマンションは、特に築年数が経過するにつれて管理状態が良好なマンションと比較すると、建物の状態には大きな差がでてしまうことになります。

　では、管理が良いマンションとはどのようなマンションなのでしょうか。

　一般論では、区分所有者それぞれが管理について一定以上の意識をもってい

るマンションや管理組合の執行部がしっかとしているマンションでは、水準以上の管理ができている可能性が高いと考えてよいでしょう。なお、こうしたマンションの中には自主管理型のものが多く含まれることから、自主管理マンションの良さを唱える人もいます。しかしながら、自主管理マンションだからといって管理が必ずしも適切に行われているとは限りません。現実に私は、自主管理マンションで大きな問題がある事例もたくさん見た経験もあります。

　一方で、管理会社の管理について否定的な見解を持つ人もいますが、管理会社による管理だからといって必ずしも問題があるわけでもありません。残念ながら世の中には問題のある管理会社もありますし、自社の系列の会社に大規模修繕工事を発注させることでグループ会社間で利益を上げることに貢献する例等もあります。しかしながら、客観的に見て優れた管理をしている管理会社も少なくありません。

　そのため「自主管理が絶対だ」等の先入観はもたずに、管理形態の如何にかかわらずマンション毎に管理の良否は異なることを理解したうえで、これから述べる事項も参考にして管理状況について総合的に判断することが必要だと思います。

2) 管理の良否の判断基準

　ちなみに、この場合の判断の指標として具体的な確認事項としては、「長期修繕計画が立案されている」こと、「長期修繕計画に則って修繕積立金が積み立てられている」こと、「過去において定期的に建物の維持修繕が行われている」こと等を挙げることができます。

　ところで、長期修繕計画の策定が常識になっている昨今と異なり、平成の初年くらいまでは長期修繕計画が策定されていないマンションも多かったので、築年数が経過したストックマンションの中には長期修繕計画がないものもありますし、また長期修繕計画が策定されていたとしても本来必要なレベルの修繕積立金が積み立てられていないこともあります。そして、そうしたマンションの中には、資金不足が理由となり必要な維持修繕ができていないものがあることもストックマンションの購入に際しては考慮に入れておくべきです。

5-2 管理の良いストックマンションの見分け方 *141*

　さて、マンションの区分所有者の管理に対する意識や組合執行部の意識が重要であることもわかりましたし、長期修繕計画の有無や修繕積立金の大切さも理解できますが、ではこれらの点を検討するためには、どのような情報を集めたらよいのでしょうか。

　まず、売買契約をする前に交わされる重要事項説明書の内容を精査することが重要です。そのうえで、重要事項説明書に書かれていない事項についても、売主の側から任意で情報をとることができれば更に的確な判断をすることが可能になります。

　次節と次々節でこの点について考えてみましょう。

5-2-2 | 重要事項説明書に書かれている情報から考える

公開される情報からマンションの良否を見極める材料を探す

1）重要事項説明書の確認の必要性

　不動産を購入する場合には、契約書の内容の十分な確認が必要ですが、私は、契約書の内容以上に「重要事項説明書」を精査することが大切であると考えています（なお、実際には、売買契約を交わす直前に重要事項説明書が交付され、契約書の署名押印より前に説明されることがほとんどです。法律上は、契約締結前に宅地建物取引士により重要事項説明がなされていれば特に問題はないため、あらかじめ重要事項説明書を読みこむために契約締結予定日より前に重要事項説明書の交付を求めたとしても対応してもらえないこともあると思われますが、念のために不動産会社の担当者に重要事項説明書の事前交付を請求してみるべきでしょう。なお、事前交付を依頼したとしても重要事項説明書の交付が契約日当日となるときは、契約書への署名押印の前にしっかりと内容を確認

142 第5章 ストックマンションの選択眼

するしかありません)。

　重要事項説明書では、そのマンションの権利関係に関する情報、法的な制約に関する情報、利用可能な設備等に関する情報や、接道状況、耐震診断の有無等、不動産を購入するに際して極めて重要な事項が書かれていますが、マンションの売買の際には、これらに加えてそのマンションの規約や修繕積立金の残高、修繕の履歴等も記載されているため、これらの事項についてもおろかにせずチェックをする必要があります。

　加えて、特に借地権マンションのように、法律面で特色のあるマンションであるときは、その権利の概要も重要事項説明書に記載されていますので、書面の内容をしっかりと理解するようにしましょう。

　そして、重要事項説明書の内容について何かわからないことがある場合には、売主や仲介をする不動業者にその内容を十分に確認するようにしてください。

2) マンションの規約も重要事項であること

　さらに、前述のように管理組合の規約の内容も重要事項説明書の記載事項ですから、こちらも十分に確認する必要があります。なお 3-2-2 で述べたように、国土交通省が公表している標準管理規約も時代とともに内容が変わってきているため、ずっと昔に設定された規約がそのまま使われているようなときには、その規約は今の時代における管理に適応していないものであることも考えられます。

　もっとも、区分所有法やマンション管理にある程度造詣のある人であれば、規約の内容も具体的に精査することが可能ですが、そうでない人は、例えば、最新の標準管理規約をインターネットでダウンロードして、そのマンションの規約と比較してみて異なる部分について重点的にチェックするという手法も考えられます。もちろん、標準管理規約の内容が 100 ％適正であるというわけではありませんが、既存の規約との比較検討のための基準とすることには意味があると思われます（なお、規約については **3-2-2** もご参照ください）。

3) 定期的に規約の見直しが行われているか否か

　以上の点に加えて、管理組合で定期的に規約の見直しをしているか否かを、そのマンションの区分所有者の管理に対する意識について考える際の1つの判断基準とすることもできます。規約の変更をする場合には総会において区分所有者と議決権のそれぞれ4分の3以上の決議が必要なので、規約が定期的に改訂されているマンションでは、区分所有者が規約の変更を審議する総会に直接参加していないとしても、少なくとも多くの区分所有者が委任状等を議長に出していることが確認できることがその理由です。

　一般的な管理組合では、総会において通常の決議をするときは区分所有者の議決権の半数以上が総会に参加することが総会の成立要件となっていて、参加者の議決権の過半数で決議をすることができる旨が規約で定められているのですが、区分所有者が管理に関心のないマンションではそもそもこの「議決権の半数以上の出席」の要件を満たすことに四苦八苦しています。ちなみにこの場合の出席者とは、委任状を提出している人も含むわけですから、マンション管理に興味を持たない管理組合員が多い管理組合では役員が手分けして「議長委任」の委任状を「区分所有者の議決権の半分」の要件をギリギリ満たすまで集めて、なんとか総会を成り立たせていることも少なくないわけです。

　一方で、決議要件がより厳しい規約の変更を何度も決議できている場合は、仮に決議においては委任状を提出している区分所有者の数が多い状況だったとしても、少なくとも区分所有者と議決権のそれぞれ3/4以上の賛成を得て決議をしているわけですから、管理組合としては一定レベルで機能していると考えられます。

4) 規約の変更履歴を確認する方法について

　では、「規約の変更の履歴」はどのようにして確認すればよいのでしょうか。

　多くの場合、規約の最後の部分に「平成○○年○月○日改正」等の形で変更履歴の記載がありますので、この部分でその管理組合における規約の変更の履歴を確認することができます。なお、規約によっては過去の変更の履歴をすべ

144　第5章　ストックマンションの選択眼

て記載してはいなくても「平成○年○月○日最終変更」となっているケースも
あるようですが、この場合においても、少なくとも規約の最終改定の時期は確
認することができます。

　一方で、築後40年以上が経過しているにもかかわらず規約が一度も変更さ
れていないマンションもあります。もっとも、規約が一度も変更されていない
マンションのすべての管理がしっかりしていないというわけでもありませんが。

　以上のように規約の変更履歴の確認は、そのマンションの管理状況を知るた
めの1つの情報となりますが、この情報だけでなく本書の他の内容も含めて総
合的に判断をするようにしてください。

5）修繕履歴の確認の必要性

　次に、「修繕の履歴」ですが、特に築年数が15年から20年を超えるような
マンションにおいては、それまでに大規模修繕等が行われているか否かについ
てはチェックすべきポイントの1つであるといえるでしょう。国土交通省では
12～15年に一度くらいの割合で大規模修繕をすることを推奨しています。も
ちろん、建物の状態によっては必ずしもこの周期に縛られる必要はありません
が、少なくとも築後15年を超えるようなマンションで一度も大規模修繕をし
ていない場合には、近い将来に大規模修繕をする計画があるか否かの情報は売
り主からヒアリングしておくべきでしょう。そのようなマンションであるにも
かかわらず、仮に近い将来も含め大規模修繕の話がでていないのだとすればマ
ンションの管理には問題がある可能性が高いように思われます。

　ところで、大規模修繕に関連する事項として、修繕積立金の残高をチェック
することも重要です。過去に大規模修繕を行っていないにもかかわらず修繕積
立金が過少なマンションは、下手をすると将来的にも大規模修繕をすることが
できない可能性があるためです。

　ちなみに、私見を申しますと、マンションの規模や状態によっても大規模修
繕で必要な金額は異なりますが、50戸から100戸程度の規模のマンションの
場合で考えると、築後15年程度のファミリーマンションの場合で一戸当たり
平均100万円くらい、築後30年程度のファミリーマンションでは一戸当たり

150 〜 200 万円程度の修繕積立金は必要ではないかと思います（もっとも、**4-1-2** で述べたように、超高層マンションではより大きな費用が必要となる可能性がありますし、普通の規模のマンションであっても、立地や建物の形状によっても大規模修繕に要する費用は上下します）。

さらに、築後 30 年程度以上経過するマンションで、大規模修繕を一度も行っていないものでは、ある程度まとまった修繕積立金の残高があるしても、マンションのライフラインの老朽化が進む中で、例えば、漏水事故等が一度発生すると同じような事故が頻発することがあります。このようなときに、問題個所の補修を問題が発生する度に対応するようなことになると、数年で修繕積立金が急減する事態に陥ることもありますので、ご注意ください。

6）耐震診断を行っているか否か

最後に、旧耐震マンションの場合は耐震診断を実施しているか否かについての確認の必要性について考えてみましょう。

昭和 56 年 5 月 31 日までに建築確認を取得したマンションは旧耐震基準下で建築確認を取得したマンションですから、耐震性に問題がある可能性があります。もちろん、旧基準下のマンションのすべてに問題があるわけではなく、旧基準下で建築されたマンションでも、耐震性に全く問題がないマンションもたくさんありますが、それは耐震診断をしてみないと判断することはできません。

ところで、耐震性に問題がある可能性が高いマンションであっても耐震診断をしていなければ、重要事項説明書でそのことについて言及する必要がありません。一方で耐震診断をして「耐震性に問題がある」ことが判明すると、そのマンションの市場価格が大幅に下落することになることから、旧耐震基準下で供給されたマンションであるにもかかわらず、敢えて耐震診断を行わない管理組合も少なからずあるようです。

このようなことから、私は、何らかの理由で耐震性に問題がないことが明らかな場合を除いて、少なくとも旧耐震マンションで耐震診断を行っていないストックマンションは購入すべきではないと考えています。

◇ 参考：ストックマンション価格のゆがみ

　旧耐震基準下で供給されたマンションの中にも、耐震性に問題があるマンションもあれば、そうでないマンションもあることはこれまでも述べてきたとおりです。ところで、前述のように「耐震診断をした結果、耐震性に問題があることが判明したマンションは市場価格が落ちる」といわれているため、耐震診断を行わないマンションも少なくないことが現状です。しかしながら、この発想によると、現在要求されている耐震基準よりもはるかに低い耐震性能しか持たないマンションであっても耐震診断をしていない限りは通常のストックマンションの取引価格で売買されていることになるわけですから、基本的にストック物件価格についての考え方そのものが間違っていると、私は考えています。

　旧耐震マンションの流通価格を考えるにおいて、このような評価がまかり通っていると、前述のように「下手に耐震診断をして悪い結果が出ると資産価値が下落する」という間違ったメッセージを管理組合に与えることになりますし、もっといえば「高い金額を支払ったうえで耐震補強をしても、それによってマンションの評価が上がるわけでもないから耐震補強をしない」という誤った選択をする管理組合が増えるように思われるためです。

　健全なストック市場を形成するためには、ストック市場で売られているマンションの性能についても最低限の水準が満たされている保証があってしかるべきです。そのため、耐震診断を実施していない旧耐震マンションの評価は、耐震性に問題があるマンションの評価であるべきだと私は考えています。このような評価がされるようになると、耐震診断をした結果、耐震性に問題がないことが明らかになれば、市場価格は耐震性に問題ないマンションとしての評価となるわけですし、耐震補強等をして市場価格があがるような仕組みとすれば、耐震補強をするマンションも多くなるのではないかと思います。

　この点については、有識者と言われる方々からも声があがっているようですが、なかなか大きな声になっていないのも現状です。そうなると消費者の側から声を上げることが有効ではないかと思いますので、この問題について改めて問題提起をさせていただいた次第です。

　なお、ここでは資産価値の話ばかりしてしまいましたが、ここで述べたような評価がされるようになると、耐震診断や耐震補強に関しての管理組合のモチベーションを少しでも向上させることに寄与できるのではないかと考えます。安心して住むことのできる住宅やマンションが多くなることは、住民にとっても街にとってもよいことといえるでしょう。

5-2-3 | 重要事項説明書に書かれていない事項で、可能ならば確認すべき事項

協力が得られたら確認したい事項

　次に、必ずしも重要事項説明書に記載されている内容ではありませんが、購入に際して可能であれば確認したほうが良い事項を挙げさせていただきます。

1) 総会の議事録

　第一は、直近2〜3年の管理組合総会の議事録です。総会の議事録には、議事の概要と総会の出席者の状況が必ず記載されています。議事の内容も重要なことだとは思いますが、議事録においては建設的かつ活発な質疑応答が行われているか否かも確認することができますし、総会の出席状況が良好であれば管理組合が機能している可能性が高いと考えることができます。出席者については議事録において「総会の出席者○名、委任状○名、議決権行使書○名」等と記載されていますので、委任状ではなく区分所有者本人の参加状況が多いマンションは、一般的に区分所有者の管理意識もより高い状況にあると考えることができるでしょう。

　「マンションは管理を買え」という点から考えると、管理組合の総会の出席状況は、マンションの区分所有者の管理に関する意識を確認するための1つのバロメータと考えることができるでしょう。前節で、規約を頻繁に変更しているマンションは管理組合が機能している可能性が高いという指摘をしましたが、総会の議事録を確認すると、それを更に高い精度で確認することが可能となります。

　逆に、管理組合の役員+αくらいしか区分所有者が総会に参加しておらず、

委任状を集めて何とか総会が成立しているようなマンションは、管理に問題がある可能性は高くなります。

2) 収支決算書

　そのほか、収支決算書において、管理費や修繕費の未収金が多く計上されているマンションは、区分所有者の中で管理費や修繕費の支払い遅滞をする人物が多いマンションである可能性があります。残念ながら、50人、100人という集団になると、1人か2人くらいの割合で問題がある人物がいる可能性があります。もちろん、管理費や修繕費の納付は区分所有者の義務ですから、未収金は許されるべき行為ではありません。さらに支払いの遅滞が数月にもなると、実際の徴収はさらに難しくなりますので管理組合としても、この問題についてはしっかりと対応すべきです。

　ところで、管理費や修繕積立金の支払い遅延をしている区分所有者が何人も確認できるような場合には、そのマンションは残念ながら管理に大きな問題があると言わざるを得ません。このようなことから、総会の議事録とともに収支決算書を見せてもらうと、そのマンションの管理の問題の一端をうかがい知ることができるため、可能であれば、それらの確認をお勧めする次第です。

　なお、総会の議事録や収支決算書は、各区分所有者に配布されます（収支決算書は定時総会の議案に添付されるものです）ので、売主である区分所有者に直接確認すればよいでしょう。

3) 高経年マンションの場合は、再生の動きの有無についての確認も必要

　最後に、築年数が経過したマンション、具体的には築後40年程度以上経過したマンションの中には、管理組合で大規模改修や建替え等を検討しているものがあることも理解しておきましょう。なお、建替えはもとより、大規模改修等を進める場合には、修繕積立金の残高によっては、各区分所有者に対して相当な負担が求められる可能性があります。そのため、ある程度築年数が経過したマンションを購入するときには、このような動きがあるか否かも売主からヒ

5-2　管理の良いストックマンションの見分け方　*149*

アリングしておくべきでしょう。そして、改修や建替え等の動きがあることが確認されたケースでは、その改修や建替えについて管理組合から知らされている具体的な内容（資金負担の目安も含む）についても併せて情報提供をしてもらうようにしてください（この点については **5-3-3** で詳しく解説します）。

150　第5章　ストックマンションの選択眼

5-3　建物の築年ごとの留意点

5-3-1 ｜ 築年ごとの留意点

マンションが建てられた時期による違い

1) マンションそのものに係る事項

　わが国で初めて分譲マンションが供給されたのは1953年と言われています。それから六十数年が経過する中で、私たちの生活水準も大きく変わりましたが、生活水準の変化とともにマンションのスペックも仕様設備も大きく進化してきています。以下で、その概要について考えてみましょう。

2) 建物のスペックについて

　まず建物のスペックに関することですが、具体的には各住戸の専有面積や天井高等の目に見える部分に加えて、床のスラブ厚や隣接住戸との界壁の厚さ等の目に見えないものも大切です。特に目に見えない部分に関してですが、昭和30年代から40年代の前半くらいまでは床のスラブ厚は12㎝程度が普通でした。その後1990年ころまでは床スラブ厚は15㎝から18㎝くらいのケースが多くなってきています。そして1990年代の半ば以降からは20㎝からそれ以上の床スラブ厚が標準となり今日に至っています。

もっとも、上下階の「音」の問題については床スラブの厚さだけでなく、小梁の設置状況や床材の質によっても変わります。現実に、床スラブ厚が12cmであるものの小梁も多かったマンションをリノベーションする際に、上下間の遮音性をチェックしたところ大きな問題はなかったこともあったという話を知り合いの一級建築士から聞いたこともあります。その意味では、床スラブ厚が薄いというだけで問題があるわけでもないようです。

一般的な傾向は上述のとおりですが、それぞれのマンションについては、売主が分譲時のカタログを所有している場合には、カタログの内容を確認したほうが良いでしょう。

建物のスペックについては、天井高や二重床二重天井の仕組みを採用しているか否かも1つのポイントとなるでしょう。なお、多くの専門家が、マンションを購入する際には二重床二重天井の要件を満たすものであることを推奨していますが、新築マンションでもその要件を満たさないものもありますので、ストックマンションの場合には、2つの要件を満たさないもののほうが多いものと思われます。

専門家の中には二重床二重天井の物件以外は買うべきではないという意見の人もいるようですし、これらの要件を満たすことは重要であることは否定しませんが、これまで述べてきたようにマンションの判断基準はほかにもたくさんあります。そのため、他の点で優れたマンションであれば、必ずしも二重床二重天井の要件を満たさなくてもよいのではないかと思います。逆に、二重床二重天井を満たしているものの他の要件の評価は低いマンションを購入すべきかと聞かれれば、私は再考を促すようにアドバイスをします。

そのほか、住戸内の界壁の厚さも変化しています。なお、ごく例外的なことですが、最初期のころに分譲されたマンションの中には、界壁がブロック造だったものもあるという話も聞いたことがあります。

3）長期修繕計画の有無等

次に、長期修繕計画の策定が一般化されてきたのも1990年代に入ってからですから、それより以前に供給されたマンションの中には長期修繕計画がなく

修繕積立金も低いままで放置されているものがあります。修繕積立金が過少だと問題があることは **3-1-5** や **5-2-1** 等でも述べたとおりですが、そもそも修繕積立金が過少であることの理由の1つに、長期修繕計画がないマンションの存在を挙げることができます。

前述のように1990年代の前半くらいまでの時点ではそもそも長期修繕計画を策定することが必ずしも一般化されていなかったため、この時期までに分譲されたマンションは、当初においては長期修繕計画がなかったものが少なくありません。もっともその後に管理組合の側が長期修繕計画の必要性に気がついて、途中から長期修繕計画の策定をしたマンションはかなりの数となりますが、残念ながらいまだに長期修繕計画がないマンションもあるわけです。

そのほか、高度成長期に供給されたマンションの中には「海砂」の問題があるケースもあります。この問題があるマンションでは、鉄筋が錆びた結果、各所でコンクリートの爆裂等がみられますので、建物を一通り目視することで、そうした兆候があるか否かをチェックすることも必要かもしれません。

4) 公法の改正による問題～既存不適格の可能性～

建物は、建築基準法や都市計画法等の法律と各自治体の条例等を遵守して建築する必要があります。

❶ 既存不適格建物とは

ところで、建築関係の法律や条例も時代とともに変わりますので、その建物を建てた当時は合法であったものの、その後の法律の改正により現在の基準で考えると問題があることもあります。その典型的なケースは、前述の耐震基準の問題ですが、それ以外にも容積率の上限が低くなることもありますし、建物の高さ規制が設けられたことにより、建物を建て替えるようなときは今と同じ大きさの建物を建てることができないことなどもあります。

このような建物は「既存不適格建物」と呼ばれていますが、既存不適格建物は建築された当時は合法的に建てられた建物ですから、通常であれば大きな問題はありません。ただし、建物を大規模改修する場合（典型的なケースとして

は、エレベータのないマンションにエレベータを増築するような場合を挙げることができます）で、増改築に関して建築確認申請が必要なときには、その時点で既存不適格状態があるとすれば、その状態を今現在の法律が定めている水準に直すことが求められるでしょう。仮に既存不適格が軽微なもので、必要なときにそれを問題なく現状の法律が要求する水準にすることが可能な状態であればよいのですが、今と同じ大きさの建物を建築することが困難であるマンションについては、増改築等に際して建築許可を取得できないことも考えられます。

さらに築年数が経過して、建替え等の検討を進めるような場面に至ると、建替えたら今より小さくなってしまうようなマンションでは、建替えの合意形成そのものが困難になることが多くなります。

❷ 日影規制

建築できる建物の規模を制約するような公法上の改正の中でも特に大きなものとしては、日影の規制を挙げることができます。この規制が導入される以前

図表 5-1 日影規制についての補足（土地を上空から見た場合の図）

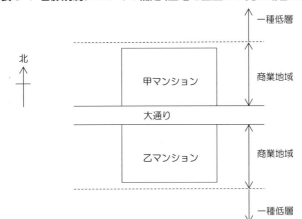

＊甲マンションも乙マンションも日影規制が導入される前に建築されているとした場合、北側が大通りである乙マンションを建て替えるときには問題がないことが少なくありませんが北側が、低層住宅地である甲マンションを建て替えるような場合には、大きな影響を受ける可能性があります。

に建てられたマンションで、建物の日影が落ちる方向に、住居系の用途地域、特に第一種低層住居専用地域や第二種低層住居専用地域等の住環境についての制約が厳しい地域があるような場合には、今と同じ規模の建築ができないものも多く含まれていると思われます。

　そのほか、やや特殊な話となりますが、前面道路が狭いマンションの場合は、1973年や1976年の法改正により、前面道路の幅により容積率の制限を受けるようになっています（1973年以降は、都市計画上の容積率にかかわらず、容積率が前面道路の幅×0.6に、更に1976年以降は住居系の用途地域の場合には、前面道路の幅×0.4に制約されます。例えば、容積率が500％の商業地域の場合であっても、前面道路の幅が4mの土地の場合は、240％（＝4×0.6）までの容積率しか使うことができません。この件については **2-1-6** も参照してください）。

　以上の点は、マンションの通常の管理の場面や大規模修繕等においても影響することはほとんどありませんが、増改築が必要な改修や建替え等の検討をするときには問題となる事項ですので、特に築年数がある程度経過したストックマンションの購入を検討する場合には押さえておくべき事項といえるでしょう。

5-3-2 ｜ 1980年代前半以前に 作られたマンションの留意点

旧耐震問題と、改正区分所有法以前の留意点

　1980年代前半までに供給されたマンションで留意すべき事項としては、大きく2つの点を挙げることができます。具体的には、建物の耐震性の問題と、権利関係に問題があるマンションが含まれている可能性がある点です。

1) 耐震性について

　ストックマンションの購入を検討する場合に耐震性の問題で留意しなければいけない事項としては、よく言われている1981年の耐震基準の変更ですが、これに加えて1971年の耐震基準の変更にも留意することが必要です。1981年の新耐震基準前の基準で作られたマンションは旧耐震基準のマンションと言われていますが、さらに1971年の耐震基準前の基準で作られたマンションは旧旧耐震基準のマンションであるともいわれています。すなわち、この時期以前のマンションは、旧耐震基準のマンションの中でも更に耐震性に問題がある可能性があるマンションとなるわけです。

　もっとも、この時期に作られたマンションの中にも、現在の耐震基準も難なくクリアーするマンションもあるため、1981年或いは1971年規準以前のマンションのすべてに問題があるわけではありません。しかしながら、これらの時期に供給されたマンションについては少なくとも専門家による耐震診断をしていないものは購入すべきではないと私は思います。

　ところで、例えば、新耐震基準か旧耐震基準かの判断をする際に、1981年以前に供給されたマンションは旧耐震基準であり、1982年以降は新耐震基準だと考えている人が少なくないと思いますが、厳密に述べると、1981年5月31日以前に建築確認を取得したマンションが旧耐震マンションです。マンションは建築確認を受けてから着工をすることになりますが、竣工までに1～2年程度の時間がかかることを考えると、1982年に竣工したマンションの多くは旧耐震基準で建てられている可能性がありますし、1983年に竣工したマンションにも旧耐震基準のマンションが含まれていることがあることを承知しておくべきです。

2) 権利関係の問題とは？

　1983年に区分所有法が改正された際に、区分所有権と土地に関する権利の分離処分が原則として禁止されました。また、土地に関する権利が敷地権として登記されるようにもなったのですが、それ以前のマンションは建物に関する

権利と土地に関する権利を分離して売却等することが可能でした。

　以上の点に加えて、マンションの供給者の中にもモラルの低い者がいたことから、1983年の区分所有法改正以前に供給されたマンションの中には権利関係に大きな問題を抱えているものが含まれています。これまで私自身が見聞きしてきた中でも、特に「問題がある」と思ったケースをいくつか紹介いたします。

　因みに、これらの事例では日常の管理以外に大規模改修や建替え等の検討をする際に問題が顕在化する旨の指摘をしていますが、以下に該当するようなマンションは、前述のように1983年以前に供給されたマンションが多いことから、今後5〜10年くらいに再生の検討が始まるマンションのなかで、類似の話がいくつもでてくる可能性があると私は考えています。

❶ マンションの敷地の一部を所有権留保して売却しているケース

　図表5-2 をご覧ください。現状では甲土地がマンションの敷地となっており、マンションの区分所有者で甲土地を共有していますが、隣地の乙土地は他の者が所有する駐車場となっています。ところで、もともと甲土地だけでマンションを建築するために建築許可をとっているのであれば何の問題もないのですが、このマンションを分譲した会社が建物を建築する際には甲土地と乙土地の2つの土地を「マンションの敷地」として建築確認を取得しているものの、建築確認取得後にマンションを売却する際には、マンションの敷地利用権としては甲土地の権利のみを売却するにとどめ、乙土地は販売会社が他の人に売却しているようなケースがあります。

　この事例の場合、将来的にこのマンションの増改築の建築確認申請が必要な改修の際や、建替え等を検討するときには大きな問題が発生することになるでしょう。

　すなわち、よほど建築に係る制約が緩和されていない限りは、甲土地単独では既存のマンションと同じ大きさのマンションを建築できないどころか、はるかに小さな建物しか建築することができなくなってしまうことになってしまいます。

5-3　建物の築年ごとの留意点　*157*

図表 5-2（土地建物を上空から見た場合の図）

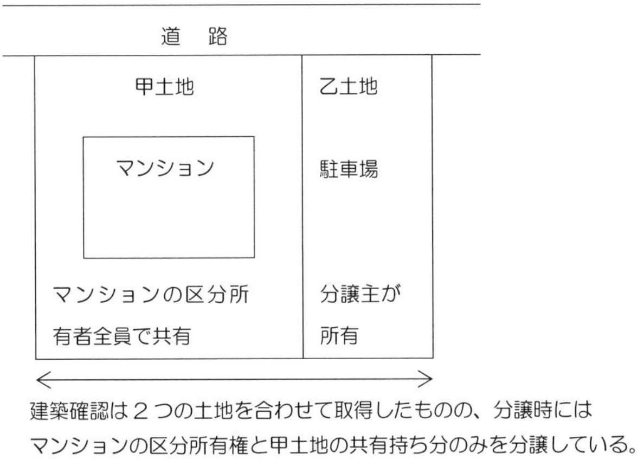

道路

甲土地	乙土地
マンション	駐車場
マンションの区分所有者全員で共有	分譲主が所有

建築確認は2つの土地を合わせて取得したものの、分譲時には
マンションの区分所有権と甲土地の共有持ち分のみを分譲している。

　では、ストックマンションを購入する場合に、既存不適格か否かはどのようにチェックすればよいのでしょうか。もし、知り合いに建築に詳しい人物がいればその人に相談すればよいのですが、そうでない場合でも専門家を探して相談料を支払っても相談をすることがベストの選択肢といえるでしょう。

　もっとも、いくら親しくても、気になる物件があるたびごとに質問することも気が引けます。簡易な検討をする際は、まず市区町村の役所で都市計画を管轄する部署にいけば、その地区の建ぺい率や容積率等の制限をヒアリングすることができます（最近ではインターネットで検索できることもあります）。

　そのうえで、マンションの土地の登記上の面積にその土地の容積率を乗じれば、おおまかにどのくらいの建物を建築することが可能かを判断することができます。現実には、登記簿面積も必ずしも正確な面積ではないこともありますし、容積率の計算をする場合には、容積率に算入する必要があるものと参入されないものもあるので簡易な計算に過ぎませんが、この計算をした結果が既存の建物の延べ床面積よりも著しく小さくなるような場合には、既存不適格の問題がある可能性が高いといえるでしょう。

　次に、日影の制限の問題ですが、少なくとも1976年前後より以前に建築された中高層マンションで、道路がマンションに対して南側、東側或いは西側の

158　第5章　ストックマンションの選択眼

ケースで、大通りから20〜30m以上離れた部分は2〜3階建ての住宅地で構成されているような地区では、既存不適格の可能性があります。このようなケースに該当するときは、特に建替え等の検討が近い将来に考えられるマンションであれば、購入の可否は有償でも専門家に相談をされることをお勧めします(**図表5-1**参照)。

　なお、特に専門家に相談する場合は、より具体的には管理組合で設計図書等を閲覧する必要がありますが、管理組合がこうしたことに応じてくれないこともありますし、それを強要することはできません。この場合は、公図や航空地図等から判断せざるを得ません。

　ところで、これまで私が相談を受けたケースでさらに悪質だと思ったものは、**図表5-3**のように、マンションと前面道路の間に幅50cmほどの土地を分筆して、その土地を分譲会社がマンションの購入者に対して売却せずに自社で所有しているケースです。この事例では、マンションの土地が事実上道路に接しない形になってしまっています(他人の土地を通って道路に接することとなります)ので、ひどい話です。

　もっとも、登記上は道路に接していないマンションですが、区分所有者の多くは、他人の土地である乙土地も自分の土地だと思って日常出入りをしていますし、土地所有者もそのことについては何も言っていません。また、公然と自分たちの土地だと思って利用している状態だとすれば区分所有者らは取得時効を主張することもできるかもしれませんが、相手方がそれに応じない場合には、裁判をしないと時効を援用をすることはできません(因みに、このような場合に取得時効を求めて裁判を提訴する場合には、土地共有者全員で裁判を提訴する必要があるでしょう)。以上から、このような土地も厄介なものであるといえるでしょう。

　ここで述べたようなことについては、ストックマンションの購入を検討する際に、公図をチェックすれば、少なくともこのマンションの土地と思われる部分が甲と乙の二筆に分かれていることは確認することができます。そして土地の切り方が少し不自然であれば、乙筆の登記情報を確認すれば、乙土地がマンションの敷地でないことを確認することができるはずです。

図表 5-3（土地建物を上空から見た場合の図）

＊このマンションは、法律上は道路に接していない状態になっています。

　一戸建て住宅を購入する際には公図の確認をすることも少なくないのですが、マンションの場合にはこの点がおろそかになりがちです。しかしながら、以上の理由から、少なくとも1983年以前に分譲されたストックマンションを購入するような場合には、必ず公図をチェックすることをお勧めします。

❷ 土地の持ち分に問題があるケース

　一般的なマンションでは、区分所有者は、建物の専有面積の合計に対する住戸の専有面積に案分して土地の共有持ち分を有しています。例えば、50戸のマンションで面積が全部同じだとすれば、各住戸について1/50の土地共有持ち分が割り付けられていることとなります。

　もっとも、マンションの中には建物の分譲価格によって土地の持ち分を変えているケースもあります。例えば、10階建てのマンションの場合に、同じ間取りだとすれば1階の住戸よりも10階の住戸のほうが販売価格は高くなるため、10階の住戸にかかる土地共有持ち分を多めに配分し、1階の住戸に関する土地共有持ち分を少なめに配分しているようなケースです。私が知る限りでは、再開発ビルなどではこの考え方を採用しているケースが散見されます。

　そのほか、古いマンションでは土地の共有持ち分の割り付けについて次のようなことがあります。

160 第5章 ストックマンションの選択眼

ⅰ. 専有面積にはいくつかのバリエーションがあるのに、土地共有持ち分は
すべて同じであるケース

例えば、専有面積は 50 ㎡、60 ㎡、70 ㎡の 3 つのパターンがある合計
100 戸で構成されるマンションにおいて、各住戸の土地共有持ち分は
1/100 となっているマンション。

ⅱ. 特定の区分所有者だけが土地共有持ち分を多く持ち、それ以外の区分所
有者の土地共有持ち分が過少となっているケース

このなかで、特にⅱについては少しわかりにくい話ですから、設例で
説明します。

例えば、売主もマンションの区分所有者の 1 人であるような場合で、売主で
ある I が全体の 2/10 の大きさの専有部分を所有していて、他の区分所有者 A
〜 H が所有する 8 戸の住戸（各住戸の面積は同じ）の専有面積の合計が全体
の 8/10 であるケースを考えてください。前述のとおり、一般的には土地共有
持ち分は専有部分の面積比で割り付けられますので、ABCDEFGH は各 1/10
で I は 2/10 となるはずですが、この設例では区分所有者 I の土地共有持ち分
は 1/2 で、区分所有者 A 〜 H の土地共有持ち分は各 1/16 にすぎません。

この設例では、I は 1 人の区分所有者に過ぎませんし、多くの場合、総会に
おける議決権割合も専有部分の床面積按分ですから、区分所有法における普通

図表 5-4（この図は、土地と建物を横方向から見た図）

建物	A 所有	B 所有
	C 所有	D 所有
	E 所有	F 所有
	G 所有	H 所有
	I 所有	

土地
A〜H：各 1／16
I： 8／16

決議事項や特別決議事項についてもＩ以外の区分所有者全員が賛成をしている状態であれば決議をすることは可能です。ただし、建替えをする場合は、Ｉは土地持分が多いため、建替えを前提とした評価配分は高くなる一方で、Ａ～Ｈは、評価配分が低くなってしまいます。

　加えて、このマンションで要除却認定を取り、マンション敷地売却決議を進める際の決議要件は、区分所有者と議決権以外に土地の持分割合も含めた4/5以上となることから、Ｉが反対すると土地持分の4/5を満たすことができないため、決議は否決されることになります。

　マンションを購入する場合には、多くの人は住戸については関心を持ちますが、土地共有持ち分がどうなっているかについて無関心な人が多いように思います。そのため、土地持ち分が一般のマンションよりもはるかに過少であるにもかかわらず、前述の表現を再度使うとすると「○○駅徒歩○分、○階の南向き○ LDK ○○㎡、築○年」のマンションとしてしか考えないまま購入の判断をする人が多い状況にありますが、不動産の価値を考える場合は建物とともに土地の価値も重要な要素となりますので、マンションを購入する際には土地の持分がどうなっているかについても留意されることをお勧めします。

❸ 所有者が異なる 2 つの土地に 1 つのマンションが建っているケース

　マンションは、区分所有者がマンションの敷地の権利も共有しているものであるべきです。ところが、私の知っているマンションで**図表 5-5** のようなものがあります。

　このマンションは甲土地と乙土地の二筆の土地の上に 1 棟の建物が建っているのですが、甲土地はマンションの区分所有者全員で共有しているものの、乙土地はマンションの区分所有者の一部だけが所有しているというケースです。

　通常はこのような場合は、乙土地上に建物を所有する目的で借地権が設定されているはずですが、借地権が設定された事実もなく権利関係がどうなっているかよくわかりません。

　このようなケースも、将来的に建替え等の出口戦略を考える場合には大きな問題になる可能性があります。

図表 5-5（土地と建物を上空から見た場合の図）

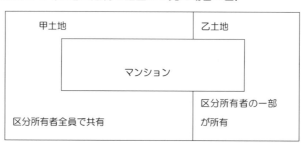

❹ 共用部分であるべき施設等が独立して登記されているケース

　管理室や団地の場合の集会室等独立したスペースであっても、マンションの共用部分については現在のマンションでは独立した登記はなされていません。しかしながら、古いマンションの中には、階段室等も独立した専有部分として登記されているものがあります。そのほか、団地では集会所が独立した建物として登記されている場合もあります（団地の場合の集会室については、**4-1-4**の**図表 4-5** を参照）。

　これらのケースにおける問題点は、ストック市場でマンションを売買する際に、専有部分として登記されてしまっている廊下等にかかる共有持分の登記移転等を忘れていることが少なくないことです。

　このような状態になる理由は、所有者の側にも階段室等が専有部分として共有登記されているという意識がなく、また仲介をする不動産会社の側もそうしたマンションであるという認識がないことによります。そうなると、ストック市場で物件の売買をするときに区分所有権や敷地権については売買契約の対象として登記移転の手続きもするものの、独立した登記がされた共用部分であるべき部分については売買契約の対象にもなっていないこともありますし、その結果として登記移転も失念されてしまうことになるのでしょう。なお、このマンションが現実に問題となるのも、建替え等の出口戦略を考える場面です。登記残りがある人物と連絡がつき、登記移転に協力してくれればよいのですが、そうでないと下手をすれば共有物分割訴訟等が必要となる可能性もあります。

3）この節のまとめ

　ここに挙げたケースは 1983 年以前に分譲されたマンションの中でもレアな事例ばかりですので、この時期に供給されたマンションでも、普通はここで述べたような問題はありません。しかしながら中にはこのようなマンションもあることを理解しておく必要があります。また、こうしたマンションを所有していたとしても、日常の管理の場面ですぐに大きな問題が発生することはありません。

　ただし、ここで事例として挙げたマンションは築年数も経過していることから、近い将来に大規模改修や建替え等の検討が生じることが考えられますし、その際には通常のマンション以上に様々な課題を解決することが求められます。

　前述のように、このようなマンションは、1983 年の区分所有法の改正前に供給されたものの中に散見されますが、1983 年以前に供給されたマンションは、早晩、再生の検討を進めるものも少なくないものと思われますので、以上の問題について頁を割いて説明をさせていただいた次第です。

　本節をまとめますと、特に 1983 年以前に分譲されたストックマンションを購入する場合には、まず公図を確認するべきです。また、併せて土地の共有持ち分の確認と、共用部分が独立した登記となっていることがあるか否かなどについてもチェックすることをおすすめします。

5-3-3 ｜ 建替えや大規模改修を考えているマンション

> **建替えを前提としたマンションの評価と、中古マンションとしての市場流通価格は違う**

　建物の築年数がある程度経過しているマンションでは、管理組合で大規模改修

繕や建替えの検討をしていることがあります。5-1-1でも述べましたが、最近は高経年マンションを購入して大規模リノベーションをして住まいとする人も増えているようですが、あえて高経年ストックマンションを購入したうえで1,000万円単位の費用をかけてリノベーションをしたにもかかわらず、実は管理組合が大規模改修や建替えを検討しているようなときには、その後に大きな問題に巻き込まれることもあります。特に、建替え等の出口戦略を進めることとなったときは、この区分所有者がリフォームにかけた費用を誰も補償してくれないためです。

少なくとも、この本が書かれた時点である程度築年数が経過しているマンションの中には、大規模修繕や建替えについて検討をしているマンションも少なくないものと考えるべきです。具体的には、高経年マンションの購入を検討する際には、売主の側から建替えや大規模改修等の計画の有無を必ず確認するとともに、具体的な検討が進んでいることが判明したときは、計画の概要についてもヒアリングをしたうえで購入の可否を判断すべきです。

では、建替えや大規模改修等の可能性があるマンションには、どのような問題があるのでしょうか。具体的に考えてみましょう。

1）建替えを前提としたマンションの価値

まず、建替えを前提としたマンションの価値について考えてみましょう。ストックマンション市場においては、立地、建物の専有面積や間取り、住戸の向きや階数、及び築年数等から一定の相場が形成されているのですが、問題は、このストックマンションとしての市場流通価格と、建替えを前提としたマンションの評価は同じではないことです。

建替えを前提としたマンションの価値は、簡単に言えば次のような計算式で求めた額となります。

建替えを前提としたマンションの評価
＝（再建後のマンションを全部売却したときの総販売価格×原価率－
建替えをするために要するすべての費用）×持分割合

＊原価率はケースバイケースだと思いますが、75 ～ 80 ％くらいで考えてください

　すなわち、そのマンションを建て替えたうえですべての住戸を売却した場合の想定価格の原価から建替えをするために要したすべての費用を差し引いた額が、建替えを前提としたマンション全体の評価となります。これに各専有部分にかかる持ち分割合をかけると、それぞれの住戸について、建替えを前提とした評価が算定できます。

　仮に、そのマンションが容積率に大幅な余裕があり、かつマンションが高く売れる場所であれば、建替えを前提とした評価はストックマンションとしての評価よりも大きな額になりますが、そうでない場合には建替えを前提とした評価が市場流通価格を大幅に下回ることもあります。

　図表 5-6 は、人気の地区に立地していて容積率の余剰も 80 ％程度あったため建替えに成功したマンションの、建替え前の中古流通価格の推移を示したものです。この図で横軸で書かれている「17 年」「21 年」等の数字は、この建物の築年数を示しています。また、建替えを前提とした評価を 1 とした場合の価格の推移を示しています。

　図の中で築後 26 年くらいのころに価格が高騰していますが、これはちょうど「バブル」の頂点の時期に相当します。その後築後 39 年くらいまでにかけて価格は下落しますが、その後に優良地の不動産価格は若干持ち直していますが、このマンションが築後 45 年を迎える時点から価格が高くなっている理由は、建替えの機運が盛り上がってきたことによります。

　なお、このマンションは、「優良地のマンションでありながら、かなりの容積率の余剰があったため、建替えを前提とした評価は中古流通価格を大幅に上回った事例となります。

　一方で、余剰容積がないマンションや余剰容積があったとしても不動産価格が低い地区のマンションの場合には中古流通価格が建替えを前提とした評価よりも高くなることが多くなります。この場合の問題点について考えてみましょう。

166 第5章 ストックマンションの選択眼

図表 5-6 ある建替えマンションの中古流通価格の推移

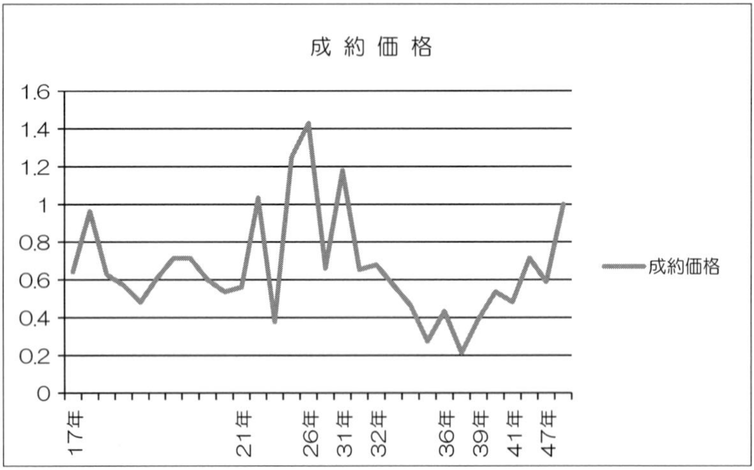

成 約 価 格

成約価格

　例えば、市場流通価格が1,500万円のマンションであるにもかかわらず、建替えを前提とした評価は1,000万円にしかならないということも考えられます。すなわち、このようなマンションを市場価格で購入した場合、その人物はこの時点で500万円の損失をうけていることとなります。

　加えて、このマンションを購入後に仮に1,000万円をかけてリノベーションをしたにかかわらず、管理組合の総会でそのマンションの建替えが決議されてしまったときは、前述のとおりリノベーションでかけた1,000万円も誰も補償はしてくれません。マンションを建て替えることになると、建物はあくまで壊すだけにすぎないものであるわけですから、内装や設備にお金をかけたとしてもそれらには何の価値もないこととなってしまいます。

2) 大規模改修が必要なマンションで確認すべき事項は

　大規模修繕工事は長期修繕計画に基づいて定期的に行うものですが、耐震改修に代表される大規模改修工事は、定期的に行うものではなく建物の水準が時代の要請に合わなくなってしまったことにより個々に対応する工事ですから、少なくとも10年或いは20年単位で計画を練った対応はなされていません。そ

のため、大規模改修が必要なマンションで最大の問題は資金計画といえるでしょう。

　大規模修繕工事については、あらかじめ費用を算定して準備することが可能ですが、前述のように大規模改修工事は定期的に行うものではないことから、修繕積立金にその費用を織り込んでいないことが少なくありません。そのため、仮に十分な修繕積立金が積まれているマンションであっても、その修繕積立金はあくまで大規模修繕を行うに十分なものであるにすぎないものであるため、大規模改修工事でその費用を使ってしまうと、必要な大規模修繕を行うことができなくなる可能性があります。大規模修繕の時期を多少ずらすだけで対応できるようなマンションを除くと、大規模改修が必要なマンションで、大規模修繕工事も大規模改修工事も共に実施しようとするときは、金融機関から借入れをするか或いは一時金を各区分所有者が拠出するしか手はなくなってしまいます。

　仮に、高経年マンションを購入し大規模リノベーションまで行った結果、まとまった住宅ローンを抱えているなかで、「大規模修繕工事と大規模改修工事を同時に行うため、各戸当たり○○万円を支払ってください」などということになると、その負担が困難となる区分所有者がいることも考えられます。

◇ 参考：リノベ再販の功罪

　最近は、不動産会社等が高経年マンションを購入したうえでリノベーションしたうえで第三者に売却することが増えています。もちろん、建物の構造等に問題がない場合や、構造等に問題があるため不動産会社等が1棟丸ごとリノベーションをして販売をすることはよいことだと思いますが、例えば、耐震性に問題がある等の問題を抱えたマンションであるにもかかわらず専有部分だけをきれいにリノベーションして販売していることもあります。このようなマンションは、これまで述べたようなマンションと同じ問題を抱えることになりますので注意が必要です。

3) 高経年マンションを購入する場合の注意事項

さて、ここで注意が必要なことは、建替えても容積も増えないマンションで、かつ修繕積立金も不十分であるにもかかわらず大規模修繕と耐震改修が不可欠であるようなことが判明すると、区分所有者の中でそのマンションをストック市場で売却して転出することを選択する人が増える可能性があることです。例えば、中古マンションとしての市場流通価格が1,500万円で、建替えを前提とした評価が1,000万円、また大規模修繕と耐震改修をともに行うと1人当たり平均で300万円かかるという試算が出ているようなマンションで、その結果が分かったとたんに、理事長が真っ先に第三者に売却した事例さえ聞いたことがあります。

あえて失礼な言い方をするとすれば、この状態は「高経年マンションのババ抜き」とも考えられる事態であるとも表現できるわけですが、現実にこのようなことが行われていること、そしてこれからはこのような事例が増える可能性があることを高経年ストックマンションの購入に際しては理解しておくべきでしょう。

この場合において問題なのは、ここで述べたような数字が区分所有者に説明されたとしても具体的に総会で決議をしているわけでもなく、マンションの再生の検討をしている中でコンサルタント等が算定した概略の水準に過ぎない資料だとすれば、このことは売買の際に説明する義務さえないことです。そのため、この内容を説明せずに第三者に売却したとしても売主の責任を問うことは難しいことでしょう。また、不動産業者がそうした動きを逐一承知したうえで、買主には何の情報も伝えずに売買の仲介をしたとすれば仲介責任は問うことができるかもしれませんが、そもそも総会の決議事項でもないことについて売主が不動産業者に積極的に話していなかったとすれば、不動産業者もその事実は覚知できないため不動産業者の仲介責任を問うこともできないでしょう。

そうなると、特に一定以上の築年数のストックマンションの売買に際しては買主の側で積極的に「建替えの動きはありますか」或いは「大規模改修や大規模修繕の動きはありますか」等と売主に対して積極的に質問をすべきです。こ

の質問に対して虚偽の回答をして相手に損失をあたえるつもりでマンションを売却したことが明らかであれば、売主に対して一定の責任を追及することも可能となるのではないでしょうか（もっとも立証の問題があります）。いずれにしても、この点も現時点の制度では救済することが困難な事項ですから、買う側が気をつけて対応しなければならない問題となります。

> ◇ **参考：ストックマンションの価格の見直しの必要性**
>
> 　5-2-2で耐震強度不足の可能性があるものの耐震診断をしないマンションの市場価格について問題点を提起しましたが、本節で述べてきたように、再生が必要となった高経年マンションについても市場価格を考える際に、同じような問題を抱えていることがわかります。特に、初期のころに供給されたマンションの高経年化が進んできている昨今では、この問題がより顕著になりつつあるように、私は考えています（不動産学会誌第116号でもこの問題について指摘する文章を書いています）。
>
> 　この点については、制度改正も必要だと思われますが、残念ながら制度改正には時間がかかるため、現状では、消費者の1人ひとりが問題点について留意しなければいけないこととなります。

4）より注意すべきは地価の安い立地の高経年マンション

　これまで述べた問題に加えて、更に深刻な点を指摘いたします。それは、地価の安い場所にある高経年マンションが、住むことも貸すこともできなくなった場合の話です。

　このようなマンションでも、「解体積立金」を積んでいればよいのですが、解体積立金さえ積まれていない場合には、下手をすると建物の解体費用が地価を上回ることがあります。つまり、土地上の建物が全く利用できなくなると、そのマンションはマイナスの価値しかない資産となってしまいます。

　最近、不動産を「負動産」と呼ぶ人もいます。何の問題もない不動産も多い中でこの言い方は失礼だと私は考えていますが、少なくとも地価の安い場所に

図表 5-7 地価が著しく安い場所にある老朽化マンションの評価（この図は土地と建物を横方向から見た断面図）

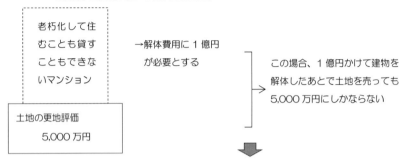

あって、住むことも貸すこともできなくなったマンションは「負動産」といっても過言ではないでしょう（**図表5-7**をご参照ください）。

5）この節のまとめ

　高経年マンションを購入してリノベーションして居住するという考え方は、決して間違った考え方ではありません。ただし、高経年マンションであるが故に、ケースによってはこれまで述べたような問題がありますので、購入する側が物を選別するための基準をしっかりと持ち、確認をしながら可否の判断をしないと大損失を被る可能性があることをよく理解して行動するようにしてください。

第6章

投資用マンションの選択眼

6-1 マンション投資は
   是か非か

6-1-1 | マンション投資ブームの要因

相続対策や副収入対策としてのマンション投資

　ここしばらくは、不動産投資をする人の数がかなり増えているように思います。その大きな理由は、2015 年の税制改正により増税の方向に改正された相続税対策といわれていますが、これとともに将来不安に起因する副収入の確保等も無視できない要因であると思われます。

　上記の要因に加えてさらに、不動産投資で成功した体験談等の書籍等が増えるなかで、「自分も不動産で稼ごう」と考える人が増えていることも無視できない状況といえるでしょう。本章では、投資用マンションの購入に際しての検討事項について考えてみましょう。

1）相続税対策という視点

　前述のとおり、2015 年の税制改正により、相続税の基礎控除が従前の 6 割水準まで削減されました。基礎控除とは、相続税を計算する際に相続財産の評価額から控除することができるものですから、相続財産が基礎控除以下であれば結果的には相続税がかからないこととなります。仮に、法定相続人が奥様と子供 1 人という場合を前提に考えると、2015 年の改正前までは基礎控除は

図表 6-1 相続税の申告者の比率の推移

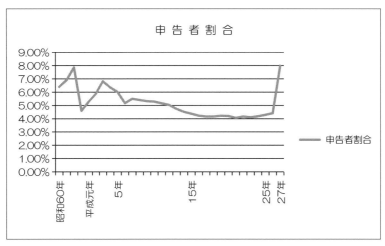

このグラフは国税庁の発表資料から筆者が作成しました。

7,000万円でした（一律5,000万円＋法定相続人の人数×1,000万円で計算していました。）が、2015年の改正で基礎控除が4,200万円（一律3,000万円＋法定相続人の人数×600万円で計算します）となりました。すなわち、法定相続人が2人であるときには、2015年の改正前までは財産の合計が7,000万円以下であれば相続税がかからなかったのですが、2015年からは財産が7,000万円以下であっても4,200万円以上あれば相続税がかかるようになったことになります。

図表6-1は、相続が発生した人の中で、相続税の申告をした人の割合を示したものです。バブル期には、相続発生者の中で相続税の申告をした人の割合は8％前後となった時期もありましたが、その後の税制改正で相続税は大幅に軽減されたことから、相続税の申告者の数は減少し、税制改正の直前は4％前後で推移していました。ところが、2015年（平成27年）には申告者の数が再び8％となったことからも、この税制改正のインパクトの大きさは理解できるでしょう。

次に相続税の納税額を見てみましょう。

図表 6-2 相続税の納税額の推移

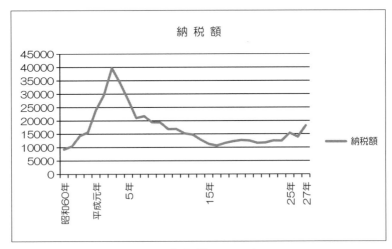

このグラフは国税庁の公表資料より筆者が作図しました。

　図表 6-2 は相続税の納税額の推移を示したものです。この表から、相続税の納税額も上昇傾向にあることがわかりますが、バブルのピークだった平成初期から比べると納税額はまだ半分以下の状況にあることもわかります。バブル期は全国的に地価が大幅上昇したのに対して、本書執筆時点では、東京都心部等では地価の大幅上昇は見られるものの、その範囲がかなり限定されていること等がこの要因ではないかと思われます。

　ところで、マンション投資は本当に相続税対策になるのでしょうか。

　結論から言えば、現状の制度下においては、優良物件を購入すれば相続税対策になることが多いのではないかと思います。その理由は、相続税を算定する上でのマンションの評価に際しては、次の計算式によるためです。

　　相続税を計算する上でのマンションの評価＝建物の評価＋土地共有持ち分の評価
　　建物の評価　　　　…固定資産税評価額によります。
　　土地共有持ち分の評価…マンションの建っている土地の路線価×土地共有持ち分割合

6-1　マンション投資は是か非か　*175*

　この２つの数字を足して求めた相続税を計算する上でのマンションの評価は、優良物件については実勢価格とかなり開きがあります。例えば、東京の城南地区にあるマンションの、本書執筆時点での市場価格と相続税評価額の違いを見てみましょう（因みに、当該マンションンは、約80㎡です。人気の沿線の最寄り駅から徒歩６分ほどの優良物件で、本書執筆時点での築年数は４年です）。

　　　このマンションの市場価格　…8,500 〜 9,000 万円
　　　このマンションの相続税評価額…3,200 万円

　もっとも、不動産の評価はその時々で大きく変わることから、もし不動産相場が大きく下落するようなことになると、このメリットは逆転する可能性があります。また、そもそも優良立地でないと、マンションの市場価格よりも相続税評価額が高くなることも考えられますので、仮にマンションを利用した相続税対策を考える場合には、相場と評価額等をよく考えながら検討を進める必要があるといえるでしょう。

　この問題が特に極端な形で着目されたのは「超高層マンションによる節税対策」です。超高層マンションの場合には、低層階と高層階では販売単価に大きな違いがあります。住戸の坪当たりの単価で考えると、低層階の住戸と最上階の住戸では 1.5 倍以上の開きがあるものと思われますが、多くの場合、土地共有持ち分は上層階も下層階も変わりありません。また、建物の固定資産税評価額も上層階は内装や設備が豪華になるため多少は高くなるかもしれませんが、大きな違いはないため、例えば、２階の 100 ㎡の住戸も 30 階の 100 ㎡の住戸も相続税評価額はほとんど同じとなります（もっとも、高層階はともかくとして、低層階は普通の人でも買いやすい間取りとすることが多いため、実際に 100 ㎡の間取りとすることはあまりないでしょう）。

　以上のような理由から、資産家は現金で超高層マンションの最上階の住戸を購入すると、相続税評価額を相当程度軽減することが可能となるとするのが、超高層マンションを使った相続税対策ですが、超高層マンションを相続した者

がすぐにマンションを売却して換金した場合には、租税回避行為とみなされ否認される可能性がありますので、以前と比べると節税上のメリットは少なくなっているといわれています。

2）将来不安

　不動産投資をする人が増えている理由の第二は、将来不安によるものです。そもそも、ある時期までは時の経過とともに収入も増えていたわけですが、今はそのような時代ではありません。例えば、国税庁が発表している平均年収の推移をみても、2000年前後を境に減少し、ここ数年はやっと横ばいか若干の上昇がみられる程度です。

　なお、最近は人手不足のため様々な業態で時給ベースの賃金は上昇していますが、少なくとも「正規雇用の社員の年収」というレベルで考えると、春闘で妥結されているベースアップの額をみてもそれほど上昇していないことが確認できます。

　一方で、個人ベースで考えると税金の負担は上昇傾向にあるほか、社会保険料等の負担も毎年上がっているため、個人の平均的な可処分所得は年々減少している傾向にあるということができるでしょう。**図表6-4**の国民負担率の推

図表6-3　平均年収の推移

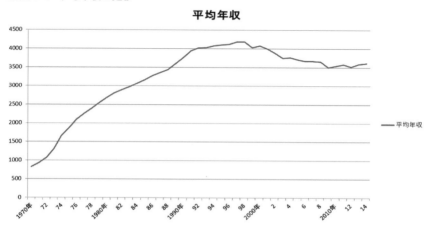

移からも、この傾向を読みとることができます。加えて、高齢化が進捗する社会において、今後も年金の支給額等が現状を維持するとは考えにくいことから、将来に備えて年金の補完をするために資産運用の検討をする人が増えることは当然といえるでしょう。

もっとも、この低金利の時代の中ですから、資産運用の検討をする場合でも、金融資産運用で安定して運用できるものは金利が極めて低い状況にあるため、ある程度の利回りを確保しようとすると株式投資等の一定のリスクがある商品が中心となります。そこで、安定投資で一定の収益性を確保する手段として不動産投資の検討する人が増えている状況にあります。

さらに、このような時代背景もあるため、不動産投資に関する書籍が多く出版されているほか、雑誌等でもマンション投資を勧めるものが増えていますが、これらの情報の中には優れたものもある反面、将来を案じている個人の不安をあおり、下手をすると不良不動産を購入させることに寄与しているようなものも含まれているように思います。個人的には不動産投資は決して否定しませんが、不動産投資をする場合には、ある意味で住まいを購入するとき以上に情報を分析し、物件を精査すべきだと思います。

図表6-4 国民負担率の推移

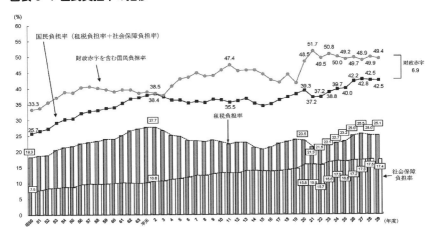

178 第6章 投資用マンションの選択眼

そうした意味で、まずは不動産投資に失敗した人のお話をさせていただきます。

6-1-2 マンション投資で失敗した人の話

税金対策であっても、まずはキャッシュフローが重要

1）マンション投資の失敗は、キャッシュフローの赤字

以前にもマンション投資がブームだったときがありますが、私は、そのブームが去ったあとにマンション投資で失敗した人から、資産のリストラの相談をいくつも受けてきました。ここでは他山の石として、私が実際に相談を受けた中でも典型的と思われる事例についてお話をします。

私が認知している範囲で、マンション投資に失敗した人の多くは、キャッシュフローが赤字であるにもかかわらずマンション投資をした人たちです。加えていうならば、そうした人たちの中にはその後の出口戦略にも失敗して傷を広げた人も少なくありません。この場合の出口戦略の失敗とは、早めに損切りをして売っておけば傷も最小限で防ぐことができたのに、それができないうちに不動産価格がさらに下落してしまったため傷口が大きくなってしまったことを意味します。株式投資などの場合も同じですが、実際に損切りのタイミングは難しいこともあるので、この失敗理由については理解できます。

ところで、そもそも赤字であるにもかかわらず、彼らはなぜマンション投資をしたのでしょうか。

バブル期くらいまでにマンション投資をした人の中には、高額所得者も多く含まれていましたが、彼らがマンション投資をした大きな理由の1つは「所得

税対策」でした。当時は金利も高かったため、ほぼ全額を借入金でマンションを購入すると、そもそも手取収入が赤字となることも少なくなかったのですが、一方で不動産所得を計算すると大きな赤字を計上することができたことから、事業所得や給与所得と損益通算すれば手取りの赤字分を補って余りあるだけの所得税や住民税が節税できていました。

さて、これらのケースにおける最大の問題点は、前述のとおりキャッシュフローが赤字であった点です。すなわち、キャッシュフローが赤字であっても投資した人物が高額所得である状況がずっと続いていれば大きな問題もなかったのですが、仮に大企業の役員であったとしても、多くの場合は一定の年齢になると普通の年金生活者となります。また自営業や自由業で羽振りがよい人においても、その状態が永続するという保証はありません。

様々な理由で高額所得を続けることができなくなった時点で、キャッシュフローが赤字の投資用マンションを購入した人は、大きな困難に直面することになるわけです。

2）典型的な失敗実例

さて、私がかつて受けた相談の中で典型的な失敗事例の話です。

私がこの相談を受けたのはバブルが崩壊して7〜8年後、ちょうど世紀の変わり目の直前くらいの話でした。相談者は70歳前後のご夫婦で、相談内容は投資用のワンルームマンションを4つ持っているものの、そのすべてが赤字であり、また購入した時よりもマンションの価格も大幅に下落してしまっているので困っているというものでした。話を聞いたところ、大手企業の役員経験者で、現役時代は相当な高収入だったことから、収支計画は当初から赤字であったものの、所得税対策でワンルームマンション投資をはじめたようです。しかしながら、その人物の退職の時期とバブルが崩壊した時期がほぼ重なっており、それらのマンションの価格が下落する中で、「売る」という決断ができず時間だけがずるずると経過してしまったそうです。すなわち、マンション価格はさらに下がるとともにすべての住戸の収支が赤字であるなかで、収入は年金だけですから二進も三進もいかなくなってしまったというケースでした。

180　第 6 章　投資用マンションの選択眼

ちなみに、相談をした時点における相談者の資産状況は以下のとおりでした。

❶ 不動産の状況

図表 6-5

	購入価格	時価	借入残高	年間収支
自宅	1 億円	7,500 万円	0	──
投資用マンション A	3,000 万円	2,000 万円	2,500 万円	−10 万円
投資用マンション B	3,000 万円	1,900 万円	2,500 万円	−12 万円
投資用マンション C	2,500 万円	1,100 万円	2,000 万円	−15 万円
投資用マンション D	2,500 万円	1,000 万円	2,000 万円	−18 万円
合　計	2.1 億円	1.35 億円	9,000 万円	−55 万円

＊数字は丸めた概算額で表示しています。

❷ 金融資産の状況

・預金が約 2000 万円

　このケースでは、時価ベースでの資産の合計が 13,500 万円であるのに対して債務は 9,000 万円と資産が債務を大幅に上回っていることから、資産と負債を整理することによって、最終的には不良資産を処分して健全な資産を残すことと、可能であれば今後の生活資金の一部をまかなうためにキャッシュフローを多少でも確保することを目的として対応策を考えることとができました。しかしながら、債務残高があり、特にそれぞれの資産に関する債務がその評価額を超えている場合には、まず債務を返済しないとその資産の売却も困難でした。

　さて、4 つある投資用マンションの中で、少なくとも C と D については立地や間取り等の問題から今後の経営環境はますます厳しくなることが想定されたため売却は不可欠と考えましたし、比較的優良な資産である A や B についても借入金が残っている状況ではキャッシュフローの赤字が続くことには変わりないことから、最終的には資産売却をする中で借入金額の大部分を返済し、投資用マンションを残す場合も、キャッシュフローを十分に残すことができる

範囲の借入金とする方向で検討をすることとしました（結果として、Bも売却してAのみを残すこととしました）。

一方で、手許金で自由に使うことができるものは自己資金の2,000万円しか残っていなかったため、まず自宅を売却したうえで、相談者には一時的に賃貸住宅に居住してもらい、資産のリストラが終了した時点で、購入可能な範囲の持ち家を再取得してもらう方向の提案をすることとしました（大企業の役員経験者であった割には手持ち金が過少だった理由も、バブル期に購入した住宅ローンの残金を退職時の手持ち金で支払ったことが原因でした）。

具体的には、最初に自宅を売却して一度賃貸住宅に入ってもらうこととし、自宅の売却益で、BCDの借入金を返済してもらいました。この時点で、借入残はAの2,500万円のみとなります。次に、D→C→Bの順番にマンションを処分することで4,000万円を回収することとします。

次に、この4,000万円から1,500万円程度をAの返済に充当（結果的に借入金の残高は時価よりも1,000万円安くなります）したうえで、Aマンションのローンを安い金利に借り換えることで、Aマンションのキャッシュフローを黒字としたうえで、2,500万円程度の自宅を購入しました（なお、不動産投資ローンも借入金の一部を返済しても、通常は返済期間が短くなるだけで、月額返済の削減には寄与しませんので、実際にはAマンションのローンを一度返済したうえで、新たに1,000万円のローンを借り換えるかたちとなりました。ローンの一部返済の仕組みについては、**7-1-6**もご参照ください）。

結果的には、この相談者は住み慣れた自宅も失うことになりましたが、規模を縮小したものの再度持ち家を手に入れ、ある程度のキャッシュフローが期待できる投資用マンションを1つだけ残したうえで、一定の金融資産も残すこともできることとなりました。ちなみに、この提案のポイントは自宅の処分を相談者が受け入れてくれるか否かでしたが、相談者も「自宅を売らないと無理だろう」とは考えていたようです。ただし、自分の考え方に自信がなく、誰かに自分のその考え方が正しいか否かを客観的な話として聞いてもらったうえで、背中を押してもらいたかったと話をされていたのが非常に印象的な話でした。

この相談者の場合は、不動産価格がもう少し高い時点で損切りをしていれば、

182　第6章　投資用マンションの選択眼

ここまで傷口が大きくなることはなかったものと思われます。しかしながら、株式投資の場合も同じだと思いますが、損切りをするためには勇気がいります。まして、この相談者は一定以上の財産も所有されていたことからしばらくの間は持ちこたえることができましたし、その間に不動産価格が再び上昇することも期待していたようです。

　不動産価格の上下は経済事象ですから、不動産投資を考える中では想定すべきリスクですから、キャッシュフローさえしっかりしていれば、次の値上りのタイミングまで保有することも可能です。しかしながら、キャッシュフローが赤字の場合は、何か事があった場合には対応できなくなることもありますのでご留意ください。

　不動産投資でレバレッジを効かせる手法は当たり前になっていますが、特に普通の人が不動産投資をする場合には、まずキャッシュフローが黒字となる計画であるか否かが基本的なチェックポイントであると、私は思います（レバレッジについては、**6-2-2** 参照）。

6-2 マンション投資の判断基準

6-2-1 投資用マンションを購入する際の判断基準

投資の基準から考えた、「買ってよいマンション」

　不動産投資は収益性が特別良いわけではありませんが、消費者物価指数等を見る限り家賃は安定して推移していることから、安定収入と考えている人が多いように思います。しかしながら、そうした一方で、社会問題となっている「空き家」に占める割合は賃貸住宅が高いことも事実です。

　ただし、それでは賃貸住宅はすべからく空室率が高いかといえば、そのようなことはありません。既存のテナントが退去してもすぐにテナントが見つかることから高い稼働率を享受できている賃貸住宅がある反面、一度空いてしまうと次のテナントを入れるために貸主が四苦八苦している賃貸住宅があることも現実です。このようなことを考えると、投資物件としてマンションを購入する場合においても、物件の良否の判断は極めて重要であることがおわかりいただけるでしょう。

　あえて失礼な言い方をさせていただくと、人は自分の住まいの購入で失敗した場合には、その不動産の抱える問題について自分自身で我慢すれば済むだけの話ですが、賃貸マンションの場合には、代替物件はいくらでもあるため借り

184　第6章　投資用マンションの選択眼

手は我慢してくれません。加えて、特に借入金をベースとしてマンションを購入した場合であれば、この不動産投資が失敗したときには、前述の例のように大きな損失につながることにもなります。

　ところで、自分自身が居住するマンションの購入に際しては失敗しないように十分に物件の良否の比較検討をする人がほとんどであると思われますが、投資用マンションの購入に際しては、立地と机上の収益性しか考えずに購入する人も少なくありません。しかしながら、マンション投資は1つの事業ですから、居住用のマンションを購入するとき以上に、本書でこれまで述べてきたように、立地の選択や建物の判断及び管理状況等の確認をすることが必要なのです。逆に言えば、これらの点を十分に確認することで、少なくとも不良物件をつかむようなリスクは軽減できるはずです。

1）立地の確認

　この点について一例を挙げるなら、「最寄り駅から徒歩20分以上離れた立地にある単身者向けの賃貸住宅が投資物件として適格か否か」という問題を挙げさせていただきます。もちろん、たまたまその賃貸住宅の周辺には会社や工場等があり多くの単身者が住宅を必要としている場合は話は別ですが、普通のベッドタウンだとすれば、そのような物件は他によほどの付加価値がない限り長期にわたって安定して運用することは困難だと思います。しかしながら、相変わらずこのような投資物件も供給されていますので注意が必要です。

　なお、投資用案件で最近は「一括借上げ制度」が問題として挙げられることがありますが、一括借上げ制度に問題があるのではなく、この制度を悪用しているケースに問題があると考えるべきでしょう（**6-2-4**もご参照ください。）。

　さて、本書では、自ら居住する目的でマンションを購入する際には、将来も売ることができる物件の購入を勧めていますが、投資用マンションを購入する場合においては出口戦略はさらに重要です。特に、築年数が一定以上経過したマンションを購入する際には、出口を見据えた判断は不可欠といえるでしょう（出口については次節も参照のこと）。

2) 管理面の確認

　さて、投資用マンションを購入するに際して、特に「マンションの管理」の面から留意点をもう1つ挙げさせていただきます。それは、そもそも投資目的で作られたマンションには管理面で問題のあるマンションが少なくないという点です。

　一般に、マンション全体が投資目的で作られている物件の場合は、区分所有者も基本的には短期の収益性を中心に考える傾向が高くなります。その結果としてマンション投資をする区分所有者には長期的なマンションの管理に関心を持つ人も少ないことから、管理組合の総会等への区分所有者の出席率も普通のマンションよりさらに低くなる傾向もあるようですし、修繕積立金も本来必要とする額よりも大幅に低く抑えられているケースも多いという話をよく聞きます。

　すなわち修繕積立金が過少な場合には、毎月の収支における支出も減ることから短期的な収益性は向上することになりますが、これまでも述べているように、この状態が続くと大規模修繕が必要となったときでも必要な修繕をすることができない可能性が高くなります。そうなると、築後一定年数が経過したときには、様々な問題が発生することになることはこれまで述べた通りです。

　以上からおわかりいただけるように、マンション投資をする場合においても、そのマンションの長期修繕計画の有無、修繕積立金が本来必要なレベルで設定されているか否か、修繕積立金の残高とマンションの管理体制等の確認は不可欠となります。昨今では、投資用マンションの中でもこうした問題にしっかり対応しているものもありますが、一方でそうでないマンションもまだまだ多いのでご留意ください。

　これまでの説明から考えると、マンション投資をするときには、そもそも投資用として作られたマンションではなく、主として居住用に作られたマンションの中から投資に向いている物件を選ぶ手法も考えられます（主として居住用として作られたマンションは、投資用マンションと比較すると相対的には管理も適切に行われているものは多いと思われるためです）。もっとも、居住目的のマンションでも、管理に問題があるマンションもあるために**5-2-2**や**5-2-3**で

186　第6章　投資用マンションの選択眼

述べたような点を参考にして管理状況の確認をする必要があることと同じです。

　いずれにしても、投資目的でマンションを購入する場合においても、管理の良否を視野に入れることは極めて重要であるといえるでしょう。特にストックマンションを投資用で購入する場合には、その重要性は一層大きくなります。

◇ **参考：不動産価格と家賃は必ずしも連動していない**

　不動産を考える際に、基本的には地価が高いところは家賃も高い状況にあります。しかしながら、特に売買価格については、土地のブランド価値がより大きく出るケースがあるため、中古マンション価格と家賃の相場を併せて考えると、中古マンション価格の評価に対して家賃が高い地区があることに気づかされることがあります。

　マンション投資を検討される際には、中古マンション相場と家賃の相関関係で立地を判断するという視点をもってもよいかもしれません。

6-2-2 ｜ マンション投資の収支の見方

基本は、キャッシュフロー

1）キャッシュフローの基本

　不動産投資をする場合には、参考にすべき様々な指標があります。一般的には想定収入を投資額で割って算定する「利回り」が用いられますが、そのほかにも内部収益率を示す IRR 等様々な指標があります。さて、これらの指標はプロが投資を考える際に用いられるものであることから重要な指標ですが、一般人が不動産投資をする場合にまず重要なことは、「キャッシュフロー」だと私は考えています。

6-2 マンション投資の判断基準　*187*

さて、キャッシュフローとは収入から支出を差し引いて計算するものですが、以下ではマンション投資における収入と支出について、あらためて考えてみましょう。

マンション投資を考える際の収入は家賃収入が基本で、他には敷金の運用益や礼金がありますが、これらの点については考慮にいれず、ここでは想定家賃収入をベースに考えましょう。もっとも、稼働率が極端に高い物件だとしても満室稼働がずっと続くわけではないことから、5～10％程度の空室率も考えておきましょう（なお、空室率をどの程度で設定するかは難しい問題ですが、優良物件であればこの程度の空室率を考えておけばよいと思います。逆に言えば、空室率がこれより高くなる可能性がある物件は購入すべきではありません）。

次に、支出としては次のようなものが考えられます。

a. 固定資産税・都市計画税
b. 管理費・修繕積立金
c. 専有部分の火災保険料
d. 借入金がある場合にはその返済額
e. 専有部分の修繕費やリフォーム費用

このなかで、特に購入費用の中に借入金が含まれる場合には、借入金の返済をしたうえで、残るキャッシュフローの確認は重要な要素となります。

また、専有部分の修繕やリフォームについてですが、同じテナントが6年以上居住した場合には、一般的にはクロスの汚れ等があったとしても敷金で対応することは困難であり、クロスの補修等は基本的には貸主責任になると考えておくべきです。

なお。マンション投資の利回りを考えるうえで、もう1つ重要な要素は出口戦略です。すなわち、そのマンションを売却したときの売却損が大きければ、結果としての収益性は低かったことになってしまうためです。

なお、マンションも不動産ですから不動産の相場の変動により価格も上下はしますが、マンションの場合は不動産価格において建物が占める要素が大きい

188　第6章　投資用マンションの選択眼

ことから、本書でも何度も述べているように長い目で見ると建物の管理状況により、価値に大きな違いが発生する可能性が高いと考えるべきです。その意味で、短期的な収益では修繕積立金が安いほうが見かけのキャッシュフローはよくなりますが、長い目で見るとマイナスにしかならないことは理解して投資の可否を判断しましょう（本節 **4)** を参照してください）。

2）レバレッジを効かせるとは？

　投資用マンションを購入する際に、借入で資金をまかなうことを「レバレッジをきかせる」という表現をする人がいます。レバレッジとは「てこの原理」を意味します。すなわち、てこを使うと非力な人でも重いものを持ち上げることができますが、手持ち金に借入金を加えてマンション投資をすることで、少ない投下資金で利回りあげることができるため、このような表現をしています。
　このことについてケーススタディで考えてみましょう。

　　（設定例）
　　・マンションの価格……2000万円
　　・年額家賃　　　　……120万円（管理費も含めるものとする）

　このマンションをすべて手持ち金で購入した場合のグロスの利回りは6％（＝120万円÷2,000万円）となります。次に、自己資金を1,000万円、借入金1,000万円で購入したとすると、手持ち金1,000万円で120万円の収入を得たことになりますので、グロスの利回りは12％（＝120万円÷1,000万円）となります。
　借入金によるレバレッジを効かせることで、グロスの利回りを向上させることができています。
　ところで、この場合のネットの利回りについて考えてみましょう。前提条件は以下の通りとします。

　　・家賃に占める経費率……25％とする
　　・手取り家賃　　　　……90万円（120万円×（1−0.25））

＊この場合の経費率とは、マンションにかかる固定資産税や都市計画税等の税金、火災保険料、管理費と修繕積立金等の経常経費と考えられるものの不動産収入に対しての比率を示したものです。

　自己資金でこのマンションを購入したときのネットの投資利回りは、4.5％（＝90万円÷2000万円）となります。次に、このマンションを購入する際に、自己資金を1,000万円、借入金を1,000万円（返済金の年額は45万円とします）で購入した場合の投資利回りは同じく4.5％（＝（90万円－45万円）÷1,000万円）となります。個人が不動産投資をする場合には実際のキャッシュフローが重要であると私は考えていますので、レバレッジを効かせる場合には、家賃が高い場合か金利がかなり安い場合を除くとあまりメリットはないように思います。

3) 借入について

　マンション投資をする際に金融機関から資金を借り入れる場合には、住宅ローンではなく不動産投資ローンを借りることが多くなります。住宅ローンと不動産投資ローンは、ともに一戸建て住宅やマンションを購入するために借りるローンとなりますが、金利の設定から融資の審査を含め全く異なるローンであることに注意しましょう。

　まず金利ですが、一般に不動産投資ローンの金利は住宅ローンよりも高めの水準となっています。また、融資の審査ですが、基本的には物件の収益性と借主の信用の2つの基準で判断されることとなります。もっとも、不動産投資ローンを借りる場合において金融機関の融資判断が、基本的にはその物件の収益性ではなく借主の信用であるときには、借入金によるその物件の購入は考え直したほうが良いでしょう。あくまで物件の収益性が主であり、借主の信用は従の要素であるべきです。

　なお、資金を借り入れる場合に、固定金利を選択するあるいは変動金利とするかの判断については、**7-1-4**をご参照ください。

4）出口も含めたトータルの利回りを考えることの必要性

　さて、投資用でマンションを購入するときには、前述のとおり出口について
も検討しておく必要があります。わが国の現状では、仮に景気の変動要因を一
切考えないとすると、築年数の経過とともにマンションの価格も下落するため
です。**3）**のケーススタディのマンションについて、購入時には 2,000 万円だっ
たものを 10 年後に 1,700 万円で売却した場合には、単純計算では 300 万円のキャ
ピタルロスが発生しますので、10 年間のトータルの収支を単純計算すると**図
表 6-6** 次のようになります（なお、収入や経費率には一切変更がないものと
します）。

　理論的に考えると、今現在のお金の価値と 10 年後のお金の価値は異なりま
すので、利回りを考える際には価値の補正等もっと複雑な計算が必要ですが、
ここではあまり専門的なことは考えていません。ただしこの設例からも、当面
の利回りとともに最後にそのマンションを売却する時点で価格がどうなるかも
マンション投資を考える際には非常に重要なファクターであることを考えて投
資の判断をすることの必要性はご理解いただけるものと思います。

　特に、高経年マンションに投資するような場合には、次節で述べる考え方も
必要となりますので、こうした点にもご留意ください。

図表 6-6

項　　目	
グロスの収入の合計	1,200 万円
ネットの収入の合計	900 万円
キャピタルロス	300 万円
キャピタルロスを含めたネット収入（900 万円－300 万円）	600 万円
ネットの平均利回り（600 万円÷2,000 万円÷10）	3 %

6-2-3 | 建替えで一儲けをねらうことができるか？

建替え直前の古いマンションを購入することの注意点

　マンションが老朽化すると、最後は建て替えるか、或いは全体を売却して売却益を区分所有者で配分するかいずれかの選択肢をとることとなります。

　ところで、不動産投資家の中には、建替えを検討している老朽化マンションを購入し、建替えを進めるなかでキャピタルゲインを得た人もいます。そのため、建替え狙いで老朽化マンションの購入をする投資家もいるようですが、この投資には注意が必要です。

　5-3-3 で述べたように、老朽化マンションの建替えを検討する場合の各専有部分の評価は、「建替えたのちのマンションの総販売価格から建替えに要する費用を差し引いた額をそれぞれの区分所有者の権利割合により配分した額」となります。この場合に注意すべきは、基本的に建替えを前提とした評価はそのマンションの市場価格と連動していないことです。そのため、建替えを前提とした評価が市場価格を上回ることもありますが、逆の場合もあることを理解しておくべきです。

　国土交通省では、建て替えたマンションの数の推移を公表していますが、本書執筆時点では阪神淡路の復興例を除くと、これまでわが国で建て替えられたマンションの数は250件程度に過ぎません。そして、これらの多くは、立地がよくてしかも容積率が大幅に余っているものだったようですが、現実にそうした恵まれたマンションはほとんどありません。多くのマンションは容積率を使い切っているか、下手をすると建て替えると今より小さくなってしまいます。特に後者のケースでは、立地がよくても建替えを前提とした評価は市場価格を大幅に下回る可能性がありますし、ほぼ同じ大きさの建物が建築できるケースでも、建替えを前提とした評価は市場価格を下回ることが多くなるだろうと思

います。

　また、容積率に大幅な余剰があっても、郊外の団地のような場合には、余っている容積率を使ってマンションの数を増やしても、空き家が増えている現状を考えると余剰容積を生かして作った住戸が売れる保証はありません。そうなると建替えに協力する事業者も出てこないことになりますので、容積率に余剰があるから価値が高くなるわけでもないことも理解しておくべきでしょう。

　このようなことを考えると、建替えで一儲けを……などということは、建築と不動産の状況によほど造詣が深い人間以外は考えるべきではないでしょう。

6-2-4 「一括借上げ」や「家賃保証」の可否

一括借上げも万能ではない

　投資用マンションの分譲に際して、マンション分譲会社は系列の不動産管理会社で一括借上げや家賃保証の仕組み（以下「一括借上げ等」といいます）を用意していることが多いようです。これらの仕組みを利用すると、空室の有無にかかわらず一定の家賃が振り込まれてくることから便利ではあるのですが、最近は、この一括借上げ等のシステムについてマスコミ等でも否定的に取り上げられることも増えています。

　結論から言えば、一括借上げの仕組みに問題があるのではなく、この仕組みを悪用する事業者が絶えないことがこの問題の核心です。管理を含めて一括借上げ等を受けた事業者が対応してくれる一括借上げの仕組みは、プロの大家でない人たちにとっては有用なものですから、この仕組みについてしっかりと理解したうえで事業者も選択すれば問題が起きることは多くないと思います。

　そこで、以下では、一括借り上げ等について留意すべき点を挙げさせていただきます。

❶ 会社によって仕組みが異なること

　一括借上げ等について、特に法的な定義づけはされていないため、それぞれの会社ごとに仕組みが異なります。そのため、具体的に投資用マンションを購入して一括借上げ等を利用する場合には、その会社の仕組みについて十分に確認をすることを推奨します。

❷ 長期の一括借上げ等でも保証家賃は固定ではないこと

　最近は20〜30年くらいの長期の一括借上げ等のケースも増えていますが、家賃が20〜30年間にわたり固定されるわけではありません。実際には契約の内容によりますが、2〜3年おきにその間の実績を踏まえて保証される家賃は見直される内容となっているものがほとんどでしょう。したがって、空室率が低く高い家賃で貸すことができる住戸であれば、家賃も上がる可能性さえありますが、そうでない場合は家賃改定の際に保証家賃も下がることになることを理解しておきましょう。その意味では、物件の選択と適切な管理は重要な要素となります。

　なお、物件の競争力が落ちると借上げ家賃は下げられることが多いですが、優良物件では、15〜20年を経過しても全く下がっていないこともあります。繰り返しですが、その投資物件が期間が経過しても魅力的な物件であるか否かが重要であることを十分に理解してください。

❸ 中途解約リスク

　上記❶にも関する内容ですが、一括借上げ等をしている会社の側から中途解約ができる内容となっていないことは念のため確認しておきましょう。なお、会社の側から解約ができない場合でも、貸主の側からの中途解約の自由があるか否かも確認しておきましょう。

❹ 契約をとるために最初の家賃を相場より高く設定している業者があること

　不動産会社によっては、他社よりも著しく高い家賃を提示することがあります。例えば、ある物件についてA社は6.9万円、B社は7万円の家賃を提示す

194 第6章 投資用マンションの選択眼

るなかで、C社は7.8万円の家賃を提示したとします。このような場合に、C
社を評価して委託する人は少なくないと思いますが、この選択は間違っている
可能性があることを理解しましょう。

　相場よりも高い家賃を設定している場合には、家賃改定の際に大幅に借上げ
家賃を下げられる可能性があります。この点については前述の❷を参照くださ
い。なお、賃料が妥当でちゃんと稼働している物件であれば、このようなこと
になるリスクは少ないといえるでしょう。

❺ 一括借上げ等をしている会社の倒産リスク

　最後に、長期の一括借上げを利用したとしても、その会社が倒産してしまっ
ては意味がないこととなります。そのため、会社の信用性等も重要な要素とな
ります。

　なお、不動産業専業の人物でない限り、物件の管理等をすることはかなりの
手間となりますので、不動産投資をする人の中には、不動産業者に物件の管理
を依頼することもあります。さて、管理を依頼する場合でも一定の手数料は発
生しますから、管理の手間も含めて一括借上げ等を採用することも1つの選択
肢です。以上で述べたようなことを理解したうえで、採用の可否を検討すれば
よいでしょう。

　なお、一括借上げ等を採用する場合の最大の留意点は、一括借上げ等の仕組
みを採用しなくても、安定して経営することが可能なマンションであるか否か
の目利きと、不動産会社の選択です。個人的には、信用できる会社に依頼する
ことを前提に考えれば、一括借上げは悪くない仕組みだと思います。ただし、
以上に述べたようなことをよく理解したうえでその採用の可否の検討をするべ
きだと思います。

◇ 参考：一括借り上げで相談を受けた話

　あるところで賃貸住宅経営のセミナーの後に、私が受けた相談です。相談者は40代の専業主婦の方でしたが、ある地方都市で父親から相続した賃貸住宅（15年ほど前に建築されたもの）について、地元の建設会社の子会社の不動産会社がその賃貸住宅を20年一括借上げをしているが、最近、「借上げ家賃を下げてほしい」と通告してきたが、その通告を受けるべきかという趣旨の相談でした。大手の不動産会社を含め、長期の一括借上げをしている場合でも、家賃は2～3年ごとに見直しがされる契約となっていることは、❷でもお話したとおりですので、それはやむを得ないことだと思ったのですが、相談者が「一括借上げの契約書」を持参してきたので内容を確認したところ、何と家賃は20年間据え置きと契約に書かれていましたので、「賃料下げに応じる必要は一切ない」旨のアドバイスをしたことがあります。

　その意味では、念のため契約書の内容の精査も必要です。

第7章

資金計画

198　第7章　資金計画

7-1　収入と支出

7-1-1 ｜ マンション購入に際しての資金計画の基本

マンションに係る経常費用も考えて返済計画を考えよう

　私たちは何のためにマンション（より広い意味では持ち家）を買うのでしょうか。「マンションは資産としても残るから」「持ち家だと信用があるとされるから」「若いうちはよいけれど、歳をとったら貸してくれる賃貸住宅を探すことが難しくなるから」等というある程度理論的な理由から、「マイホームが憧れだったから」等の感覚的な理由まで様々な要因が考えられます。

　ただし、どのような理由でマンションを購入するとしても、必ず押さえておくべき原則があります。それは、「そのマンションを購入することで幸せに暮らすことができる」ことです。

　マンションを含め、マイホームを購入した人の中で、幸せな暮らしを手に入れた人はたくさんいますが、残念ながらマイホームを購入して不幸になった人がいることも事実です。

　本書では、これまで、個々の物件の選び方についていろいろな観点から考えてみましたが、物件の選択とともにマンションの購入の際に考えるべき重要な事項として「資金計画」を挙げることができます。

特にマンションの場合は、管理費や修繕積立金の支払いが義務となっているため、住宅ローンを組む際にローンの返済とともにこれらの支出を考えずに借入をすると、マンション購入後の生活が非常に厳しくなる可能性があります（もっとも、一戸建て住宅の場合も建物を維持するためには計画的な修繕は不可欠ですから、将来の修繕に備えて計画的な資金の積み立ては必要であることは、**1-1-1**でも述べたとおりです）。

夢のマイホームを取得するわけですから、当初の何年かは、苦しい思いをしたとしてもマイホームを手にした喜びがありますから何とかなるかもしれませんが、それが将来にわたっても続くのだとすれば、苦痛のほうが大きくなることもあるでしょう。現実に、多くの人は長期のローンを組んでいますので、ローンの返済に加えて建物の所有に係る経常的な費用や子供の成長等で必要な資金も鑑みた資金計画を検討するべきです。そうなると、収入が上昇する見込みが高いときを除くと、無理な返済計画は立てるべきではないといえるでしょう。

繰り返しになりますが、無理な返済計画で住宅を取得したために、そのほかの生活をずっと我慢しなければいけなくなるとしたら、それは幸せな生活といえないと思います。

返済計画を考える場合には、ローン返済以外の経常経費もあわせて検討をすすめる必要があります。

本節では、資金計画の基本的な考え方と、住まいに係る税金について述べさせていただきます。

7-1-2 ｜ マンション購入の資金計画

マンションを購入した場合にかかる基本的な支出

マンションを購入した場合にかかる基本的な支出について考えてみましょう。具体的には**図表7-1**で示すようなものが考えられます。

図表 7-1 マンションを取得した場合の住宅にかかる経常的な支出

項　目	具体的な内容
必ず発生する支出	固定資産税・都市計画税・管理費・修繕積立金
車を有している場合に必要な支出	駐車場料金
必須ではないが望ましい支出	火災保険料（＊）
借入をしている場合	借入金の返済額

＊住宅ローンを借りる場合には、火災保険の付保は不可欠となります。また、万が一のことを考えて、地震保険にもはいっておくべきでしょう。

　これに対して、給与生活者の場合の収入は基本的には給料だけですし、自分で事業をしている人の場合もその事業からの収入の1本であることが多いでしょう。そうなると、当たり前の話ですが、想定される収入と支出のバランスは非常に重要であることは理解できるでしょう。

　ところで、**3-1-5**でも述べたように、特に修繕積立金についてマンションによっては過少に設定されていることも少なくありませんが、特に一定以上築年数が経過したストックマンションにおいて修繕積立金が過少なときには、総会の決議により、積立額が大幅に改定される可能性もありますので注意が必要です。また、新築マンションで長期修繕計画が策定されているときであっても、当面の修繕積立金は安く計上しておき時間とともに修繕積立金の額を上げるようなことを規約で定めていることもあります。

　修繕積立金については、概ね床面積×（150円〜200円）程度が1つの目安となりますので、新築マンションにおいてこの水準よりも明らかに低い設定をしている場合には、購入時に、その後の負担の推移について販売担当者に確認しておきましょう。

　また、管理費については、そのマンションの共用部分の状態やマンションの管理状況により負担は大きく異なることも**3-1-5**で述べたとおりです。例えば、コンシェルジェサービスがついているマンションや24時間管理のマンションにおいては、管理費もそれなりの金額となります。

　次に、住宅ローンの返済の目安ですが、金融機関の融資基準では年収が高い

人は収入の 35 ％から場合によっては 40 ％くらいまでの返済は可能と判断することもありますが、さすがにこのレベルまでの借入をすると後の生活は非常に厳しくなるものと思われます。

そのほか一般的な目安として、「返済額が収入の概ね 25 ％程度までとすべきだ」と唱える人がいますが、私の身の回りの人たちからヒアリングした実感で言えば、多少でもゆとりのある生活を営むこと考えるとすればこの範囲に抑えておくことは必要でしょう。なお、子供の学費等がかかる人の場合には 25 ％の返済率でも生活はかなり制約を受けることがあります。

もちろん、若い人で、何年かすると収入の上昇がほぼ確実に見込めるような場合には冒険することも 1 つの選択肢であることは否定しません。

7-1-3 ダブルインカムの場合

共稼ぎ世帯の場合も、一方の収入で返済をまかなうことが基本

少子高齢化が進むわが国で、一定の活力を維持するためには、女性や高齢者が活躍することが不可欠となっています。そうした世相を反映されているためか、昨今では夫婦共稼ぎ世帯の割合が高くなっています。

ところで、このようなダブルインカムのご夫婦が住宅を購入する際に、2 人の収入を合算して融資を組むことを前提にして資金計画を考える人が少なくありませんが、こうしたことを考えている人に対して、敢えて 2 つの忠告をさせていただきます。

第一は、いずれかが職を失った場合に生活が成り立つか否かという問題です。例えば、結婚して何年か経過したのに子供が生まれないため、半分子供を授かることをあきらめていたご夫婦が、持ち家を取得したとたんに子供が生まれる……実際にこんな話をいくつも聞いたことがあります。このようなときであっても、奥様が、出産後も確実に働く保証があれば問題はないわけですが、この

202　第7章　資金計画

場合においても待機児童も問題となっている中で、職場復帰に時間がかかることも想定されますので、その間の生活が支障なくできるか否かを考えておくことは重要です。

　まして、出産後に仕事に復帰することが困難なケースでは以下の考え方を重視すべきです。

　個人的には、いずれか一方の収入でも生活が成り立つこと（この場合は、その人の収入の25％を超えるような状況であっても構わないと思います）が重要ではないかと考えます。

　ダブルインカムの場合の留意点の第二は、離婚リスクです。残念ながら、昨今は離婚率も高くなっているため、このような事態への備えも考えておくことは必要だと思います。こうした中で特に問題となるのは、夫婦で連帯債務関係となりローンを返済しているような場合です。

　離婚に際して、マンションも売却してローンを完済してしまえばよいのですが、一方が住宅の保有を継続するという選択をすると、この連帯債務関係が非常にややこしいことにつながりかねません。いずれか一方の名義で住宅を取得し、ローンもその人物のみで、保証人も保証協会を使っておけば、こうしたリスクは防げるはずです。

　住宅を購入するという夢を持っている人に、このような話をすることは心苦しいのですが、現実にはこの点が問題となることがありますので、念のため指摘をさせていただきます。

7-1-4 ｜ 住宅ローンの返済方法

元本と金利の考え方、金利の捉え方

　本書執筆時点では、わが国は史上空前の低金利下にあります。この低金利がいつまで続くのかは検討がつきません。「まだまだ続く」という話がある一方

で「国債の発行残高等を考えると、いずれ金利は上がる」という話もありますが、こればかりは、時間がたってみないとどうなるかわかりません。

　ところで、お金を借りる場合には、金利の支払いとともに借りたお金そのもの（借り入れた元本）の返済も必要となります。お金の返済に際してこの元本と金利の支払い方について大きく2つの考え方があります。まずこの点について説明をしましょう。

1）元利均等返済と元本金等返済

　借り入れた元本と金利の返済方法については、元利均等返済と元本均等返済の2つの種類があります。このうち、多くのローンでは元利均等返済が採用されていますが、元本均等返済を採用しているケースも考えられますので、この2つの返済方法について考えてみましょう。

❶ 元利均等返済とは

　元利均等返済とは、ローンの返済をするに際して、金利が変わらなければ毎月同じ金額を返済するなかで、返済の当初は元金の割合が少なく金利をより多く返済する仕組みです。そのため、**図表7-2** のように当初は返済額の中で金利の返済割合が大きくて元本の返済割合は低くなっていますが、時間が経過するに従い元金の返済額が増えてくるようになります。多くの住宅ローンではこの元利均等返済が採用されています。

❷ 元金均等返済

　ローンの返済方法としてもう1つ、元金均等返済を紹介しておきます。元金均等返済とは、融資を受けた場合に、まず融資の元本は毎月同じ金額を返済することとし、金利はその時々の返済額の残高に応じて負担をする仕組みとなります。

　そのため、当初の負担は大きくなりますが、元金の返済が進むに従い金利の対象となる元本も少なくなるため金利負担も減少することから、返済するごと

図表 7-2 元利均等返済のイメージ

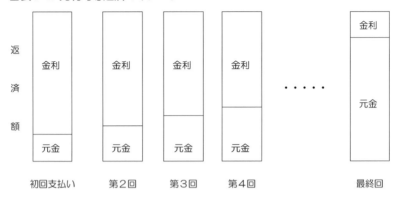

図表 7-3 元本均等返済のイメージ

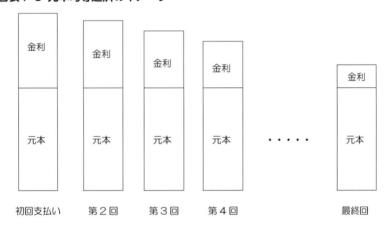

に負担が徐々に少なくなる返済方法となります。

2）変動金利か固定金利か

　次に金利の問題ですが、大きく分けると変動金利と固定金利の2つの考え方があります。

　もっともより細かく考えると、固定金利と言われる商品の中にも「3年固定」「5年固定」という比較的短い期間に限って固定する商品からフラット35のよ

うに「35 年固定」という超長期の金利固定商品まで様々なバリエーションが
あります。もっとも固定金利は、将来的に金利が高くなる場合には貸手である
金融機関のリスクになるため、固定金利が長くなるほど金利は高くなります。

　さて、わが国では 1990 年代半ばくらいから史上まれにみる低金利が続いて
います。そのため、これから住宅を購入する世代の人たちは物心がついてから
ずっと低金利が続いていることとなるため、「金利は安いことがあたりまえ」
という考え方を持っている人が多いのではないかと思います。そのため、住宅
ローンを組む場合は、敢えて金利が高い長期固定金利の商品ではなく変動金利
の商品をベースに借入を組む傾向が強いという話をよく聞きます。

　金利の動向については、経済の専門家と言われる人たちの間でも意見が分か
れており、「当分低金利が続く」と唱える人もいれば、「近い将来、金利は上が
る」と主張される人もいます。残念ながら、将来のことは神のみぞ知るわけで、
どれほど優秀な人の考えであっても予想は予想に過ぎません。その意味で、変
動金利と固定金利のいずれを採用するかについては、借り入れる側で個々に判
断をすべき問題となります。ただし、その判断をする際には、変動金利と固定
金利の両方のリスクを十分に比較することをお勧めします。

❶ 固定金利のリスク

　まず、わかりやすいほうからお話をしましょう。固定金利のリスクです。

　固定金利を採用した場合のリスクは、金利が低い状態で変わらずに推移した
場合には、結果として高い金利を支払い続けることにつきます。特に借入れ時
よりも金利が更に低くなった場合には、変動金利の場合は負担が更に安くなる
ことから、その差はより大きくなります。

❷ 変動金利のリスク

　これに対して変動金利のリスクは、金利が高くなった場合には負担が増える
ことです。なお、金利が増えることがリスクであることは誰でもわかることな
のですが、金利が急上昇するような場合には、これに加えて更にリスクが大き
くなる可能性があります。

206　第7章　資金計画

　変動金利の商品の場合、急激な負担の変化は借主にも大きな影響を与えますので、当初5年くらいは金利の変動にかかわらず返済額は同じ額で据え置かれますし、その後も返済額が上がる場合でも、従前の1.25倍までに抑えられます。

　さて、これらの措置も借りる側に有利なように思えるかもしれませんが、実は金利が急上昇した場合には変動金利に係るこれらの措置が大きなマイナスになることがあります。**図表7-4**をご覧ください。

　例えば、月額10万円を返済している場合で、この中で金利負担は6万円、元本の返済額は4万円だったとします。変動金利の商品は適用金利は半年に一度見直されますが、当初5年ほどの返済額据置き期間中に金利の急激な上昇があった場合には、返済額の10万円は変わりませんが、その10万円のなかで金利負担の割合が上昇します。例えば、金利負担が8万円相当になると、元本の返済額は2万円になってしまいます。そして更に次の金利の見直しの際に、更に金利が上昇した場合には、この返済額の10万円の中における金利の割合は更に大きくなります。

　仮に金利負担が10万円相当になったとすると、お金をいくら返しても元本は一向に減らないという事態が生じますし、金利負担が返済額の10万円相当を超えるようなことになると、更にその金利の超過分が元本に加算されて、将来返済しなければいけない金額となります（**図表7-4**の一番右のケースが該当します。この場合、返済額では金利さえまかなえないこととなるため、返済額を超えた金利は元本に加算されることとなります）。

　この最後のようなケースがあると、お金をいくら返しても、借入金の残高は増えるという現象が起きてしまいます。

　この現象は、現実にバブル崩壊後に金利が一度急上昇した際に、私の知人でも「お金を返しても元本が増える」現象を経験した人物がいますので、低金利下においては留意すべき事項であるといえるでしょう。もっとも、金利が下がる局面では、結果的に元本の返済が増えることになるので、変動金利のこの特性は「諸刃の剣」といってもよいでしょう。

　以上の特性を理解されたうえで、筆者が今、住宅ローンを借りるとすると固定金利型の商品を選択することになると思います。少なくとも金利がこれ以上

図表 7-4

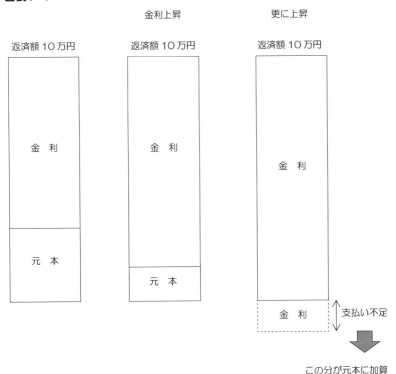

低下する可能性は低いと思っていますので、むしろ金利上昇リスクに対応するほうが良いと考えるからです。もっとも、マネー誌等を読むと、しばらくは金利は上がらないから変動金利で十分だという意見の人も多いので、以上に述べたような点も鑑みて、総合的に判断するようにしてください。

　なお、金利を常にチェックしていて金利上昇場面においても対応を打つことが可能な人、例えば手許金にも余裕があり一括返済等が可能な人等については、変動金利で対応しても問題はありません。また、**7-1-6**で述べますが、お金を借りる場合に、ローンを複数に分けて、一部は変動金利、一部は短期固定金利等とリスクを分散して対応する等の対応策も考えられます。

208　第7章　資金計画

7-1-5 | 経常経費も考えた 返済計画の必要性

経常経費の負担も併せるとバカにならない

前提）

　大都市郊外部で一般的な 70 ㎡のマンションを購入したものとします。なお、経常経費として必要な支出項目と支出額は、**図表 7-5** のとおりだとします。

図表 7-5 設例の場合の年間の負担額

	月額負担	年額負担
管理費	1 万円	12 万円
修繕積立金	1.5 万円	15 万円
駐車場料金	1.5 万円	15 万円
固定資産税・都市計画税		20 万円
合　　計		62 万円

　次に、**図表 7-5** の支出＋ローンの返済額を収入の 30 ％となる水準でいくらまでの融資を受けることができるか、考えてみましょう（**図表 7-6**）。ちなみに、融資条件は 30 年返済で金利は 1.6 ％とします。

図表 7-6 上記の条件による住宅ローンの借入限度額の目安

年　収	支出の上限	経常経費	ローン充当可能額	借入れ限度額
500 万円	150 万円	62 万円	88 万円	約 2,100 万円
750 万円	225 万円	62 万円	163 万円	約 3,900 万円
1,000 万円	300 万円	62 万円	238 万円	約 5,700 万円
1,250 万円	375 万円	62 万円	313 万円	約 7,500 万円

なお、年収 500 万円の場合も 1,250 万円の場合も支出の上限を 30 ％とすることでよいのかという話もあると思いますが、高年収となるに従い、管理等によりお金がかかるマンションを購入する可能性もありますので、経常経費もより大きくなるものと思われますが、ここでは、年収の占める経常経費の負担の大きさをご理解いただければよいかと思います。

ちなみにこの表の場合、年収 500 万円の人のローン返済率は 17.6 ％、年収 1,250 万円の人の場合でも返済率は 25.04 ％となります。

7-1-6 お金の返し方から
借り方を考える

ケースによっては、お金の返し方を考えてお金を借りる必要性がある

このタイトルを読んだ方は、一瞬何を言いたいのかわからないかもしれません。しかしながら、住宅ローンを借りる人のすべてが借入期間の最後まで定額を返し続けるわけではないと思います。例えば、ローンの借入期間中にある程度まとまった金額がたまった場合には借入金の一部を繰上げ返済をする人もいるかもしれません。

また、将来にわたって安定した収入が続くけれども、10 年或いは 15 年後には子供の教育費がかかるため徐々に負担が楽になるような借り方を考える人もいるかもしれません。住宅ローンを借りる場合も、単に金利の比較だけでなく、返済計画に応じてお金の借り方にも工夫の余地があることについてお話します。

それでは、前述の 2 つの場合について考えてみましょう。

1）借入金の一部一括返済を検討している場合

住宅ローンは可能であれば早く返したいものです。そのため、ローンを返済している間にお金をためて一部でもローンの繰上げ返済をしたいと考える人は

210　第7章　資金計画

少なくないと思います。ところで、ローンの繰上げ返済をする人の多くは、借入金の総額を減らすことにより、毎月の返済額を軽減することを期待しているのではないでしょうか。

　例えば、3,000万円お金を借りて、毎月15万円の返済をしている場合を考えてみましょう。仮に、お金を借りた直後に1,000万円の宝くじがあたったので、さっそくその1,000万円で住宅ローンの一部を返済するものとします。

　ところで、この場合、理屈で考えるとローンの返済については次の2つの方向性が考えられます。

　　a.　ローンの借入期間は変えずに、毎月の負担を3分の1減額する（この場合は、借入金の返済期間は変えずに、毎月の返済額を額10万円とする）
　　b.　毎月の負担は変えずに、ローンの借入期間を3分の1減らす（仮に、30年返済だった場合には、毎月15万円の返済をしながら20年返済とする）

　さて、多くの場合、一部一括返済をする人は、a.の効果を期待するのではないでしょうか。ところが、既存の住宅ローンの場合、一部一括返済をするときはb.の効果しか期待できないものが多いようです。そのため、将来的に一部一括返済をする可能性がある人は、お金を借りる際にa.の効果に対応できるローンであるか否かを確認したほうがよいでしょう（**図表7-7** ①参照）。

　ところで、金融機関の側でa.の対応ができる住宅ローンがない場合には、どうしようもないのでしょうか。実は、お金を借りるときに工夫をすれば、結果的にa.と同じ効果を期待できる借り方があります。具体的には、仮に3,000万円を借りる場合に、3,000万円の融資を1本で借りるではなく、例えば1,000万円の融資を3本借りればよいのです（**図**7-7 ②参照）。

　この場合は、1,000万円（月額返済は5万円）の融資を3本借りていることから、仮に途中で1,000万円のお金が入った場合には、3本ある融資のうちの1本を一括返済すれば結果として毎月の返済額を15万円から10万円にすることが可能となります。

図表 7-7 ①　一部一括返済をする場合の類型

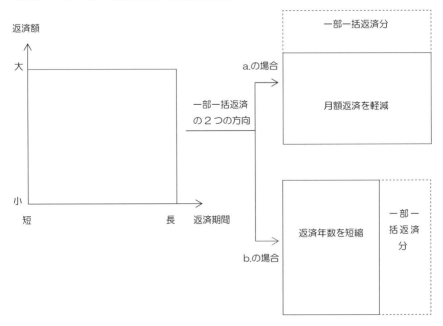

図表 7-7 ②

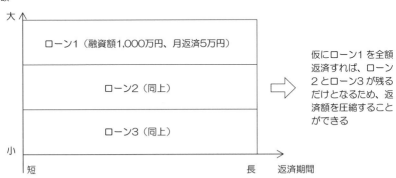

因みに、ローンを複数化する場合には、変動金利と固定金利をそれぞれ採用することも可能となります。前述のように3,000万円の借入を1,000万円のローンを3本という借り方をする場合には、1本は変動金利を、1本は10年固定金利を、もう1本は30年固定金利を採用するという考え方をとることもできます。

なお、ローンを複数化して借りると、契約書もローンの数だけ用意する必要がある等、借入時点において手間がかかるほか、1本のローンで済ませるときと比較すると手数料もかかることは、ご承知おきください。

2）返済が進むに従い負担が楽になる借り方

金利の考え方のところで「元利均等返済」と「元金均等返済」の2つがある旨の話をしましたが、この2つの借り方の特色が理解できれば、この部分については改めて説明の必要がないかもしれません。元利均等返済は、仮に固定金利の場合で考えると最初から最後まで返済額は変わらず、返済額の中で当初は金利が占める割合が大きく、徐々に元本の返済の割合が増えていく返し方です。

これに対して、元金均等返済は、毎月返済する元本の額は同じで、借入残高に対する金利の負担を加算する返済方法です。そのため、当初の返済額は元利均等返済と比較すると大きくなりますが、返済が進むに従い負担は軽減されることとなります。

なお、住宅ローンも基本は元利均等返済となりますが、元本金等返済を希望される場合には、この返済方法の利用の可否を確認されることをお勧めします。

7-2 税金

7-2-1 | マンションにかかる税金

マンションを取得する場合、所有する場合、売却する場合の税金の概要

　資金計画について考える場合には、税金も重要な要素となります。具体的には **7-1-2** で述べたようにマンションを所有していると、固定資産税や都市計画税が発生します。そのほか、マンションを取得したときに加えてマンションを売却した際にも税金の問題が発生することがあります。細かな話をすればきりがありませんが、それぞれの場面に従って発生する税金を分類すると次のようになります。

❶ マンションを取得するときに関係する税金

① マンションを取得するときに発生する税金
- ・消費税
- ・不動産取得税
- ・登録免許税

② マンションの取得に際して親などから援助を受ける際に発生する税金
- ・贈与税

214 第7章 資金計画

❷ マンションの所有期間中に関係する税金

① マンションの所有に対して発生する税金
- ・固定資産税
- ・都市計画税
- ・投資用でマンションを購入している場合は所得税・住民税

② 住宅ローンを借り入れている際に還付される税金
- ・所得税のローン控除

❸ マンションを売却するときに関係する税金

① 譲渡益がある場合
- ・譲渡所得税・住民税

② 譲渡損がある場合
- ・居住用資産の場合の譲渡損失の繰り越し控除
- ・その他

以下、それぞれについて考えてみましょう

7-2-2 消費税

建物は消費税の課税対象だが、土地は違う

　消費税については今更述べるまでもありません。ただし、マンションは単価が大きくなりますので、消費税の額もおろそかにすることはできないので、消費者としてはこの問題にも留意する必要があります。

　消費税について理解しておくべきことの第一は、消費税は事業をする者に対して課せられる税金であることです。すなわち、新築マンションをマンション分譲会社から購入するようなときには当然ながら消費税が発生しますが、ストックマンションを個人から購入する場合には消費税は発生しません。個人は

消費税課税事業者ではないためです。

もっとも、個人からマンションを購入する場合でも、不動産会社に仲介を依頼することが普通ですが、この際に仲介した不動産会社に支払う仲介手数料に対しては消費税が課せられます。

次に、消費税は建物については課税されますが、土地は消費税の課税対象ではありません。そのため、例えば6,000万円でマンションを購入した際に消費税額320万円と表示されているとすれば（消費税は8％とします）、その6,000万円のマンションの中で建物評価は4,000万円（＝320万円÷0.08）であり、土地評価は2,000万円（＝6,000万円－4,000万円）であることがわかります。

なお、マンションの売買に際しては通常は土地価格と建物価格を分けて考えることはしませんが、マンションを売却した場合の譲渡益（あるいは譲渡損）の計算をする場合には、建物の減価償却をして取得価額を求めるため（**7-2-8**参照）に建物評価を分けて考えることが必要となります。これに加えて、マンション投資をする場合には、所得税の計算の際に（**7-2-7**参照）減価償却費を費用として経常するために、建物評価を知っておく必要があります。

7-2-3 | 不動産取得税

不動産を購入したときに一度だけ発生する税金

不動産を購入した人は担税力があると考えられているため、不動産取得時に発生する税金が不動産取得税です。不動産取得税は、不動産を購入した時に一度だけ発生する税金です。なお、この税金は一定の条件を満たす不動産については軽減措置が講じられるため、購入したマンションの規模や評価額によっては不動産取得税がかからないこともありますが、一方で不動産取得税がかかる人にとっては、特に不動産業者等の事業会社からマンションを購入する場合には消費税もかかっているため、事実上二重課税となっています。

216　第 7 章　資金計画

1）不動産取得税計算の基本

❶ 不動産取得税の税率

　不動産取得税の税率は対象物の課税標準の 4 ％です。ただし、租税特別措置法により、現行では土地と住宅用家屋については 3 ％の利率が適用されています（平成 33 年 3 月 31 日まで。なお、この軽減税率はこれまでも継続されて適用されているため、この時期が到来した場合でも税制改正により特例が延期される可能性がありますが、本書執筆時点では上述のとおりの規定となっています）。

❷ 不動産取得税の課税標準

　上記❶の税率を乗じて不動産取得税を計算する元となる数字を課税標準とよびます。不動産取得税の課税標準は固定資産税評価額ですが、土地（宅地の場合）の課税標準は租税特別措置法の規定により平成 33 年 3 月 31 日までは固定資産税評価の 1/2 となります（❶の税率と同様に、土地に関する特例は平成 33 年 3 月 31 日までの時限立法となっていますが、この特例もこれまでも継続的に適用されているため、時期が到来した年の税制改正で延期される可能性がありますが、本書執筆時点では上述のとおりの規定となっています）。

　以上から、平成 33 年 3 月 31 日までは課税標準は次のようになります。

　　　・建物　　　　……固定資産税評価額
　　　・土地（宅地）……固定資産税評価額×1/2

　なお、土地については 100,000 円未満、建物については一戸当たりの評価が 230,000 円未満の評価のものにかかる不動産取得税は免税される措置が講じられていますが、マンションでこれに相当するケースは極めて稀でしょう。

2）特定の住宅用家屋についての不動産取得税の課税標準の特例

❶ 新築住宅の取得の場合

新築マンションで床面積が 50 ㎡以上 240 ㎡以下の住宅を取得する場合には

建物の評価額が1,200万円控除されます（なお、長期優良住宅を平成32年3月31日までに取得する場合には、1,300万円が控除されます）。

❷ ストック住宅取得の場合

ストックマンションを取得した場合でも、それが住宅として使われていたもので、かつ取得した自分自身の住宅として利用する場合には、その建物が建築された時期により評価額から下表の額を控除した額に対して不動産取得税が課税されることとなります（**図表7-8**参照）。もちろん、控除した結果0以下となる場合にはその建物に対して不動産取得税は課税されません。

図表7-8

新築年月日	控除額
昭和57年1月1日～昭和60年6月30日	420万円
昭和60年7月1日～平成元年3月31日	450万円
平成元年4月1日～平成9年3月31日	1,000万円
平成9年4月1日以降	1,200万円

3）住宅用の土地の不動産取得税の特例措置

❶ 新築住宅用の土地について

2）の❶に示した新築の特例が適用される住宅用の土地については45,000円か、次の計算式で求めたものをいずれか多いほうの額が減額されます。

1㎡当りの土地評価額×住宅延床面積の2倍（上限200㎡）×3/100

マンションの場合は、敷地利用権を案分した面積（土地面積×土地共有持分割合で算定します）が専有部分の面積の2倍以上となることはまずないと思われますので、新築住宅の特例が適用される場合には土地に係る不動産取得税はかからないといってもよいのではないかと思います。

なお、この特例を受けるには、土地を買ってから3年以内に特例適用住宅を新築した場合、特例適用住宅を新築してから1年以内にその敷地を買った場合、

218　第7章　資金計画

未使用の土地付き建売住宅やマンションなどで特例適用住宅に該当するものを新築後1年以内に購入した場合となっていますが、マンションについては、通常は建物と土地は同時に購入することになりますので問題はありません。

❷ 特定の既存住宅用地について

特定の既存住宅の土地についても軽減措置があります。マンションについてわかりやすくいうと、ストックマンションを購入する際における敷地を意味します。

建物について特例の適用を受けることができる場合で、既存住宅の取得と同時に土地を取得した場合、土地を取得してから1年以内に特例が適用される既存住宅を取得した場合及び土地の取得前1年以内に特例が適用される既存住宅を取得していた時には適用されるとされていますが、マンションの場合は通常は建物と土地（敷地利用権）は同時に取得されていることは、新築住宅の場合と同様です。

7-2-4 ｜ 登録免許税

所有権移転登記や抵当権設定登記をしたときにかかる税金

不動産を取得して、保存登記や所有権移転登記或いは抵当権の設定登記などをする際には、登録免許税が発生します。

このうち、不動産についての保存登記や所有権移転登記を計算する際の課税標準は固定資産税評価額となります。また、抵当権設定登記の際の課税標準は、債権金額（根抵当権の場合は極度額）となります。

なお、登録免許税の税率は以下のとおりです。

7-2 税金 *219*

図表7-9 ❶ 本則税率

所有権の保存登記	4/1,000
所有権移転登記	20/1,000
地上権又は賃借権の設定登記	10/1,000
抵当権設定登記*	4/1,000
相続による移転登記	4/1,000

*抵当権設定登記の課税標準は、債権額もしくは極度額となる。

図表7-9 ❷ 軽減税率

個人が床面積50㎡以上の自己の居住用住宅を新築し、または新築住宅を取得して1年以内にする保存登記（平成32年3月31日まで）	1.5/1,000
個人が自己の居住用の特定認定長期優良住宅または低炭素系住宅を新築し、または新築住宅を取得し、1年以内にする保存登記（同上）	1.0/1,000
土地の売買による所有権移転登記（平成31年3月31日まで）	15/1,000
個人が自己の居住用の床面積50㎡以上の新築住宅を取得し1年以内にする移転登記（平成32年3月31日まで）	3/1000
個人が自己の居住用の新築の特定認定優良住宅を取得し、1年以内にする移転登記（同上）	2/1,000
個人が自己の居住用の新築の低炭素系住宅を取得し、1年以内にする移転登記（同上）	1/1,000
保存登記の税率の特例又は所有権移転登記の税率の特例の対象となる新築住宅または中古住宅を取得した場合のその取得資金の貸し付けにかかる債権を担保するための、これらの住宅を目的とする抵当権の設定の登記で、取得後1年以内に行うもの（同上）	1/1,000

220　第7章　資金計画

7-2-5 ｜ 贈与税

住宅を取得する場合の資金の贈与を中心に

1）贈与税とは

　贈与税とは、文字通り贈与を受けたときに贈与を受けた者に対して発生する税金です。贈与税の仕組みが設けられている1つの理由は、相続逃れの防止と言えるでしょう。すなわち、資産家の相続が発生した場合には相続税が課されるわけですが、仮にその資産家が生前に自分の財産をすべて子供に贈与してしまうと相続税の対象となる財産がなくなってしまうことになります。そのため、相続税よりも税率を高く設定することによって生前贈与を制約する方向で贈与税の仕組みは基本的に構成されています。

　なお、贈与税の税率は、「一般の贈与財産」と「特例贈与財産」に区分されています。このうち特例贈与財産とは、父母や祖父母等の直系尊属から贈与を受けた年の1月1日現在で20歳以上の者への贈与税の計算に使用します。ま

図表 7-10 ①　一般贈与財産

基礎控除後の課税価格	税率	速算控除額
200 万円以下	10 %	
200 万円超 300 万円以下	15 %	10 万円
300 万円超 400 万円以下	20 %	25 万円
400 万円超 600 万円以下	30 %	65 万円
600 万円超 1,000 万円以下	40 %	125 万円
1,000 万円超 1,500 万円以下	45 %	175 万円
1,500 万円超 3,000 万円以下	50 %	250 万円
3,000 万円超	55 %	400 万円

図表 7-10 ②　特例贈与財産

基礎控除後の課税価格	税率	速算控除額
200 万円以下	10 %	
200 万円超 400 万円以下	15 %	10 万円
400 万円超 600 万円以下	20 %	30 万円
600 万円超 1,000 万円以下	30 %	90 万円
1,000 万円超 1,500 万円以下	40 %	190 万円
1,500 万円超 3,000 万円以下	45 %	265 万円
3,000 万円超 4,500 万円以下	50 %	415 万円
4,500 万円超	55 %	640 万円

た一般の贈与財産とは、特例贈与財産以外の場合、例えば父母や祖父母からの贈与ではあるものの贈与を受けた者がその年の1月1日現在で20歳以上でないときや、兄弟間、夫婦間の贈与の際に適用されます。

　贈与税の計算は、実際に贈与した金額から基礎控除（110万円）を引いた額が「課税価格」となります。例えば1,000万円の贈与を受けた場合には、890万円（＝1,000万円－110万円）に対して贈与税が課せられます。

　ちなみに、この贈与が一般贈与財産だった場合の贈与税は231万円（＝890万円×0.4－125万円）、特例贈与財産だった場合には177万円（＝890万円×0.3－90万円）となります。

　ところで、昨今、消費が伸びないことが経済面では大きな問題となっています。消費が伸びないことについては様々な理由がありますが、その理由の1つとして、個人の金融資産のかなりの部分は高齢世帯が所有していることが挙げられています。すなわち、高齢者になるとお金はあまり使わなくなるため、高齢者に金融資産が偏在していると、お金が回らなくなると考えられているわけです。そこで、高齢者層から若年層に対して一定程度お金を還流させることで消費を活性化させるための策が講じられています。

　前述の特例贈与財産の税率が低く抑えられていることも、そのための制度と

222　第7章　資金計画

いえますが、そのほか住宅を所有する目的で一定額までの贈与については贈与
税を課さない仕組みがあります。

　また、本書の直接のテーマではありませんが、教育資金とする目的で一定の
額までの贈与の仕組みが時限立法で構築されたことも、こうした政策の一環と
いえるでしょう。

　更に、相続時精算課税制度もありますが、特にこの制度の利用を考える際は、
制度の特色を十分に理解したうえで採用の可否を判断する必要があります。

2）贈与税の基本

　贈与税は、贈与を受けた側が税務署に申告をして支払う税金です。金銭で贈
与された場合にはその金額が贈与を受けた財産額となりますが、土地や建物等
の不動産の贈与を受けた場合はその不動産の時価が贈与を受けた額となりま
す。もっとも、不動産の時価の判断は非常に難しいため、相続税を計算する場
合の評価額（建物は固定資産税評価額となりますし、土地は路線価×土地面積
×土地共有持ち分となります）で判断できることが多いようです。もっとも時
価と相続税評価に大きな違いがない場合はともかく、両者に大きな乖離がある
ような場合には、評価方法については税理士等の専門家に確認されることをお
勧めします。

　さて、贈与税は、その年に贈与された額から基礎控除（現状は110万円）を
差し引いた額に対して**図表7-10**の税率をかけて税額を算定します。具体的に
試算したものを**図表7-11**に示しますが、例えば100万円贈与した場合には贈
与した額が基礎控除以下であるため贈与税は発生しませんし、200万円を贈与
した場合でも、基礎控除を差し引いた90万円に対して税率10％が乗じられる
こととなりますので、贈与税額は9万円にとどまります。

　ところで、贈与税は、前述のとおりその年に贈与を受けた額に対して課され
る税金なので、仮に同じ年に100万円ずつ3回贈与を受けた場合は、合計で
300万円の贈与を受けたことになりますので19万円（＝（300万円－110万円）
×0.15％－10万円）の税金が発生します。

　また、贈与した人が異なる場合でも、贈与を受けた側の贈与された総額で計

7-2 税金 **223**

図表 7-11 贈与された額に応じた贈与税の早見表

受贈額	基礎控除	課税価格	一般贈与財産	特例贈与財産
100万円	110万円	0	0	0
200万円	110万円	90万円	9万円	9万円
300万円	110万円	190万円	19万円	19万円
400万円	110万円	290万円	33.5万円	33.5万円
500万円	110万円	390万円	53万円	48.5万円
600万円	110万円	490万円	82万円	68万円

算することになります。例えば、父親から100万円、母親から100万円、祖父から100万円を贈与された場合も贈与された側は合計で300万円を贈与されたことになるため、上述の場合と同じように19万円の贈与税を支払う必要があります。

　なお、贈与した財産についてはその財産を贈与された者の財産となりますので、財産を贈与した側の相続が発生した場合には、当然ながら相続財産から贈与した財産を差し引くことができますが、相続発生の3年内に贈与した財産については贈与がなかったものとみなされ、相続税の課税対象となります（なお、贈与がなかったものとみなされるわけですから、贈与した際に支払った贈与税は戻されることとなります）。

3）住宅取得資金の贈与の特例

　1月1日現在で20歳を超えている人（所得が2,000万円以下である必要があります）が父母や祖父母等の直系尊属から一定の住宅を購入するための資金の贈与を受けた場合には、その取得に係る時期に応じて**図表7-12**①もしくは**7-12**②に示す金額までは贈与税が非課税となります。なお、消費税が8％であるか10％であるかにより上限が異なるほか、建物が耐震、省エネ、或いはバリアフリーの住宅であるか否かによっても上限が異なることに注意が必要です。

　なお、贈与に際しては下記税額に加えて110万円の基礎控除も併用して適用

図表 7-12 ① 住宅用家屋の取得等に係る消費税当の税率が 8 ％の場合

住宅家屋の取得等に係る 契約の締結時期	右記以外の住宅用家屋	省エネ・耐震・バリアフ リー等の住宅家屋
平成 28 年 1 月～平成 32 年 3 月	700 万円	1,200 万円
平成 32 年 4 月～平成 33 年 3 月	500 万円	1,000 万円
平成 33 年 4 月～平成 33 年 12 月	300 万円	800 万円

図表 7-12 ② 住宅用家屋の取得等に係る消費税当の税率が 8 ％の場合

住宅化奥の取得等に係る 契約の締結時期	右記以外の住宅用家屋	省エネ・耐震・バリアフ リー等の住宅家屋
平成 31 年 4 月～平成 32 年 3 月	2,500 万円	3,000 万円
平成 32 年 4 月～平成 33 年 3 月	1,000 万円	1,500 万円
平成 33 年 4 月～平成 33 年 12 月	700 万円	1,200 万円

を受けることができます。そのため、例えば、消費税が 8 ％の場合で平成 30 年の 10 月に上述の条件を満たす人物が直系尊属から住宅取得資金の贈与を受ける場合（省エネ住宅等でない住宅を取得するケース）には、810 万円（住宅取得資金の贈与の特例の上限額 700 万円＋基礎控除の 110 万円）までの贈与を受けても贈与税は課税されません。

　なお、この特例の適用対象となる住宅は、新築住宅の場合は床面積が 50 ㎡以上 240 ㎡以下の家屋で、床面積の 1/2 以上が自己の居住の用に供されているものであることが要件となっています。なお、この場合の床面積は登記簿上の面積となります。

　また、ストック住宅の取得の場合は、上記の要件を満たすほか、耐火建築物の場合はその取得の日前 25 年以内に建築されたもの（耐火建築物以外の建物の場合は取得の日以前 20 年以内に建築されたもの）である場合か、地震に対する安全性に係る基準に適合していることが一定の書類で証明されているもの、或いは、その住宅家屋の取得の日までに同日以後その住宅用家屋を耐震改修することについて一定の申請書をもって都道府県知事等に申請をするとともに贈与が行われた翌年の 3 月 15 日までにその耐震改修によりその住宅用家屋

が一定の耐震性をもつ家屋となったことについて一定の証明書等で証明できる状態となったものであることが必要とされます。

また、省エネ住宅等についてですが、省エネ等基準（断熱等性能等級4若しくは一次エネルギー消費量等級4以上であること、耐震等級2以上若しくは免震構造の建物であること、高齢者等配慮対策等級3以上であること）に適合する住宅であることにつき、一定の書類により証明されたものをいいます。

なお、土地については、特例適用住宅の敷地の要に供されている土地は対象となります。

そのほか注意すべき事項として「贈与を受ける時期」を挙げることができます。多くのマンションでは青田売りをしているため、契約をした年の翌年や翌々年にマンションが完成して引き渡されることがあります。このように契約をした年と引渡しの年がずれるときは、贈与は「契約時」ではなく「引渡し時」に受けるようにしてください。

4) 相続時精算課税制度

相続時精算課税制度は、贈与税の中でもかなり特殊な制度です。制度としては贈与の仕組みなのですが、「相続時精算課税制度」という表現でもおわかりいただけると思いますが、当面は一定額までの贈与については贈与税を課さないで贈与することができるものの、将来的に贈与をした側の相続が始まった際にはこの制度により贈与した財産については、贈与はなかったものとみなして、相続税の課税対象となります。

具体的に考えてみましょう。この制度を利用する場合の前提ですが、60歳以上の父母または祖父母から、20歳以上の子供若しくは孫に対して贈与する場合に利用することができます。相続時精算課税制度を利用する場合には、2,500万円までは贈与税を支払うことなしに贈与することができ、2,500万円を超えた額に対しては一律20％の贈与税が課せられます。

ケーススタディで考えてみましょう。

226　第7章　資金計画

● ケーススタディ

① 前提条件

　・1億円の財産を持っている人物で、法定相続人は子供1人という場合を前提とする。

　・その人物から子供に対して3,000万円を相続時精算課税制度を利用して贈与する。

　・父親の相続発生時点での財産は、7,000万円とする（贈与した財産を除く）。

② この場合の贈与税と相続税

　・贈与税額……100万円（＝（3,000万円－2,500万円）×0.2）

③ 父親が逝去した際の相続税

　・相続税額……1,220万円（＝（1億円－3,600万円）×0.3－700万円）

　相続時精算課税制度を使った贈与の場合は、相続が発生した際にはその贈与はなかったものとみなして相続税の計算をすることになります。なお、この場合、贈与をした時に支払った100万円の贈与税は相続税の支払いの際に精算されることとなります。

　なお、相続時精算課税制度の利用をする場合は、贈与をする人ごとに適用の届け出をする必要があります。例えば、父親も母親も一定の資産を持っている場合に、父親からの贈与についても母親からの贈与についても相続時精算課税制度を適用して贈与をする場合は、父親からの贈与について2,500万円、母親からの贈与についても2,500万円までの範囲については贈与税がかからないこととなります。なお、相続時精算課税制度を一度適用すると、この制度の対象となった人物からはそれ以降は通常の贈与（基礎控除110万円を引いた残額に対して税率を乗じて贈与税を求める贈与）の制度を適用することができなくなります。

　以上のような特性から、この制度の適用を受けるか否かについて判断をする場合は、資産税に精通した専門家に相談をされることをお勧めします。

7-2-6 | ローン控除

一定の要件を満たす住宅ローンの残高に応じて所得税が還付される仕組み

　個人が住宅の購入や新築をする際に住宅ローンを利用した場合には、一定の条件を満たすときは、住宅借入金特別控除（以下「ローン控除」といいます）を適用することができるため、結果として所得税が安くなります。

　ローン控除は個人が支払っている所得税から、住宅ローンの年末残高に一定の割合をかけた金額を控除する仕組みとなっています。具体的には、住宅ローンを利用して住宅を購入したり新築をした人が、その後6月以内にその住宅に居住し、その年の年末（12月31日）まで居住し続けていた場合、その翌年の確定申告の際にこの制度の適用を受けることを申告書に記載して税務署に提出することで、支払った所得税から控除額が還付される仕組みとなっています。

　なお、サラリーマン等で勤務先で年末調整をしている人は、翌年以降は年末調整の際に必要書類を提出することで控除された後の税金を支払うこととなります。

　さて、ローン控除は、取得した住宅が所定の要件を満たした新築住宅や既存住宅とその敷地であること、その住宅を取得するために所定の要件を満たした住宅ローン等を利用していること、特例を受けようとする個人の所得金額が3,000万円以下であること、そして住宅を購入等してから6月以外にその住宅に居住し、その後引き続いて12月31日まで居住していることが適用の要件となります。なお、住宅購入後に転勤等でその住宅から引っ越して別の住宅に住んで年末を迎えた場合は、その年はローン控除の適用を受けることはできません。

　次に、ローン控除の対象となる住宅用家屋については、床面積が50㎡以上（登記面積ベース）であり、家屋の2分の1以上がその個人の専用住宅であることが必要となります。なお、ストック住宅については、前述の点に加えて建築後

228　第7章　資金計画

図表7-13①　一般の新築住宅取得の場合

居住年	控除期間	住宅借入金等の根末残高の限度額	控除率
平成26年4月〜平成33年12月	10年間	4,000万円	1.0%

図表7-13②　認定長期優良住宅・認定低炭素系住宅の場合

居住年	控除期間	住宅借入金等の根末残高の限度額	控除率
平成26年4月〜平成33年12月	10年間	5,000万円	1.0%

20年以内（鉄骨造、鉄筋コンクリート造、鉄骨鉄筋コンクリート造の建物であるときは築後25年以内）の建物であり、配偶者や生計を一にしている親族等から取得した住宅ではないこと等が要件となります。

　なお、築年数が上記の規定を超えている場合でも「耐震基準適合証明書」がある場合にはローン控除の対象となります。

　ローン控除は**図表7-13①**のような内容となっています。

　また、ローン控除は、認定長期優良住宅・認定低炭素系住宅の取得に係る場合は、適用限度額が通常よりも大きくなります。**図表7-13②**をご参照ください。

　最後に、ローン控除は所得税から税額を控除する仕組みとなっていることにご留意ください。そのため、注意すべき点が何点かあります。

　第一は、ローン控除適用期間中に転勤等があって引っ越しをしてしまった場合です。

　第二は、現在のような低金利の時代には、個人の収入に対してかなり高額の融資を受けることが可能となるため、年末の借入金残高に1％をかけた金額が、支払っている所得税を上回っている場合があることです。例えば、所得税を20万円しか支払っていない人の場合は、年末の借入残高が2,500万円あったとしても、実際に支払っている所得税額である20万円が還付される税額の上限となることにご注意ください。

7-2-7 | 所得税

マンションを第三者に賃貸した場合には不動産所得が発生する

1) マンションを賃貸している場合には確定申告が必要となる

　マンションを居住目的ではなく投資目的で購入した人は、通常はマンションを第三者に賃貸して家賃収入を上げていると思われます。このようなときには、所得税の計算をしたうえで確定申告をすることが必要となります。

　所得税の計算をする際は、収入から必要経費を控除して所得を求めます。そして、所得から基礎控除等の所得控除を引いた課税所得に対して所得税が課せられます。本書では細かな点までのご紹介はできませんが、不動産所得を計算する仕組みについて、以下で簡単に解説をいたします。

2) 不動産所得の仕組み

　不動産所得は、前述のとおり、収入から必要経費を差し引いて計算します。そのため、この問題を理解する場合は、必要経費となる項目を理解することが第一歩となります。**図表 7-14** をご覧ください。

　この図表でおわかりいただけると思いますが、公租公課や損害保険料、管理費等はキャッシュフローを計算するときの支出でもあり、所得の計算をする際の必要経費でもあります。一方で、キャッシュフローを計算する場合は、借入金の返済額はすべて支出として差し引いて計算をしますが、不動産所得を計算する場合は借入金の返済額の中で必要経費として控除できるのは金利の支払い部分のみとなります。

　なお、建物や設備の減価償却費は、キャッシュフローの計算ではカウントしませんが、不動産所得を計算するときは必要経費で控除することができます。

図表 7-14

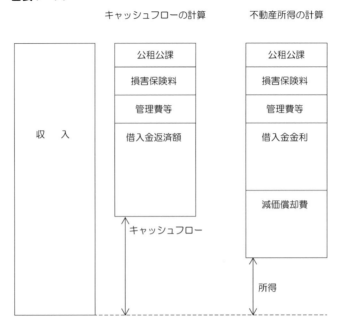

　ところで、**図表 7-14** はキャッシュフローよりも不動産所得が少なくなるような絵となっています。実際には計算をしてみないとわかりませんが、特に新築マンションの投資をするときで、借入金の額が多い場合には、キャッシュフローよりも所得が少なく計上されることもあります。例えば、キャッシュフローは 20 万円あるのに所得は 10 万円だとすれば、収入の割に所得税が安くなるため、お得感を感じるかもしれません。

　或いは、キャッシュフローはプラスマイナス 0 でも、不動産所得が赤字であれば、他でかかっている所得税が戻ってくるかもしれません。不動産経営は、初期の時点ではこうした特典があることが少なくないのですが、この特典は時間の経過とともに逆転することとなります。

　その第一の理由は、元利均等返済の場合でも元金均等返済の場合でも、時間の経過とともに支払金利は減少することです（**7-1-4 参照**）。次に減価償却費も定額法を採用していれば毎年の償却額は同じですが、定率法を採用すると、

7-2 税金　*231*

毎年控除できる額は少なくなってしまいます。加えて、建物本体と設備に分けて減価償却をしている場合には、設備部分の減価償却は15年ですから、16年目以降は控除できる金額が大幅に減少することになります。

　こうしたことから、賃貸マンション経営においては、ある程度築年数が経過した場合には、キャッシュフローの割に所得が高くなるという事態が発生します。このようなことも理解したうえで不動産投資について考えるべきでしょう。

7-2-8 マンションを売却した時の税金

> マンションを売却して利益がある場合には、その利益に対して課税される

1）譲渡所得税・住民税

　不動産を売却して利益が出たときには、その利益に対して税金が発生します。例えば、3,000万円で購入した不動産を売却したときに4,000万円で売れたとすれば、売買に際して発生する手数料等を一切考えないで計算すると1,000万円の利益がでます。この利益に対して、譲渡所得税・住民税が発生します。逆に、4,000万円で購入した不動産が売却したときは3000万円となってしまった場合には1,000万円の損がでることとなりますので、このようなときには通常は譲渡所得税・住民税が発生することはありません（なお、不動産が建物の場合には、毎年の価値の減耗分を償却しますので、購入してから時間が経過している不動産では、売却価格が購入時の価格を下回るときであっても利益が出るケースがあります）。

　ところで、不動産を売却した場合の譲渡所得税・住民税は分離課税となるため、その不動産を売却した人の収入の多寡にかかわらず税率は同じです。ただし、不動産の所有期間に応じて、税率が異なります。

まず、売却をした年の1月1日現在で所有期間が5年を超えている場合は、一般に「長期譲渡」といわれますが、この長期譲渡の際の税率は、所得税が15％、住民税が5％となります。次に、上記以外の場合は「短期譲渡」と呼ばれ、所得税が30％、住民税が9％となります。

ここで注意しなければいけないことは、「買ってから売るまでの期間が5年以上か否かでなく」ではなく、「売った年の1月1日現在」でこの期間の判断をすることです。

● ケーススタディ

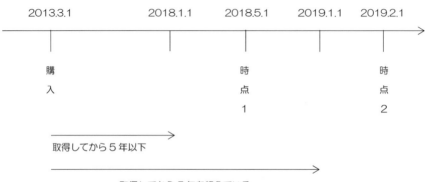

上記のケーススタディでは、2013年3月1日に不動産を購入したケースについて考えていますが、時点1で売却すると、購入してからすでに5年は経過していますが、2018年の1月1日現在では購入してから5年に満たないため短期譲渡となります。これに対して時点2で売却すると、この年の1月1日時点で所有期間は5年を超えているため、長期譲渡の対象となります。

2) 譲渡益の計算の仕方

譲渡所得税・住民税が不動産を売却した場合の利益（以下「譲渡益」といいます）に対して課されることはご理解いただけたものと思います。次に、譲渡益の計算の仕方について考えましょう。

譲渡益は、不動産を売却した額から、不動産の原価及び譲渡に要した費用を

控除して計算します。ここで理解しなければいけないことは「不動産の原価とは何か」という問題と、「譲渡に要した費用とは何か」という点です。

譲渡益＝不動産の売却額－不動産の原価－譲渡に要した費用

まず、「不動産の原価」ですが、土地については購入したときの金額がそのまま原価となりますが、建物については時間の経過とともに価値が減少するため、購入時の建物価格から価値の減少分を引いた金額が原価となります。なお、この価値の減少分は「減価償却」といいますが、持ち家して使われている鉄筋コンクリート住宅もしくは鉄骨鉄筋コンクリート住宅の場合には、建物の原価に対して毎年 0.015 を乗じたものが償却されます。

次に、「譲渡に要した費用」とは、売買仲介をした不動産業者に支払う仲介手数料や、契約書に貼付する印紙税が主たるものとなります。そのほか、契約のために要した交通費なども譲渡に要した費用となります。

3) 居住用資産売却の場合の特例

マンションを売却した際に譲渡益が発生するときであっても、売却した不動産が居住用であれば、以下の特例を適用することができます。

a. 3,000 万円控除の特例
b. 3,000 万円控除適用後に譲渡益がある場合に軽減税率を課す特例
c. 買換え特例

このうち、居住用資産を譲渡したときには、所有期間にかかわらず 3,000 万円控除の特例の適用を受けることができます。なお、譲渡益が 3,000 万円以下であれば、結果として譲渡税は課税されないことになります。

次に、3,000 万円控除をしたうえで更に譲渡益がある場合で、譲渡した年の 1 月 1 日現在で土地建物ともに所有期間が 10 年を超えるときには、譲渡益が 6,000 万円の部分までは所得税率は 10 ％、住民税率は 4 ％が適用されます。

なお、3,000 万円控除の適用を受けて譲渡益が 0 になるとしても、介護保険

234　第 7 章　資金計画

料や国民健康保険料等はその年の収入に応じて上下しますので、売却の翌年分
1 年間の負担は上がることをご理解ください。

　次に、居住用不動産を売却して他の居住用不動産に買い換える場合には、「買
換え特例」の適用を受けることも可能です。ただし、売却した不動産が所有期
間も居住期間もともに 10 年を超えていて売却価格が 1 億円以下であるもので
あるとともに、買い換えた居住用不動産も居住の部分の床面積が 50 ㎡以上で
敷地面積が 500 ㎡以下である等の要件を満たす必要があります。

【著者略歴】

大木 祐悟 （おおき ゆうご）

1983 年 早稲田大学卒業
旭化成不動産レジデンス株式会社マンション建替え研究所主任研究員
マンション管理士、宅地建物取引士、再開発プランナー等
著書「定期借地権活用のすすめ」、「マンション再生」、「逐条詳解マンション標準管理規約」（以上、プログレス）
共著「都市の空閑地・空き家問題を考える」（プログレス）、「マンション建替え」（日本評論社）他
マンション再生問題、借地借家問題、都市農地問題等について実績及び論説等多数

最強
マンションの購入術

発行日　2018 年 9 月 28 日
著　者　大木 祐悟

発行者　橋詰 守

発行所　株式会社 ロギカ書房
　　　　〒 101-0052
　　　　東京都千代田区神田小川町 2 丁目 8 番地
　　　　進盛ビル 303
　　　　Tel　03（5244）5143
　　　　Fax 03（5244）5144
　　　　http://logicashobo.co.jp/

印刷・製本　藤原印刷株式会社
©2018　yugo ooki
Printed in Japan
定価はカバーに表示してあります。
乱丁・落丁のものはお取り替え致します。
無断転載・複製を禁じます。
978-4-909090-13-3　C0052

ロギカ書房の好評既刊書

市場メカニズムとDCF法で決める
原発選択の是非

茂腹 敏明

元公認会計士

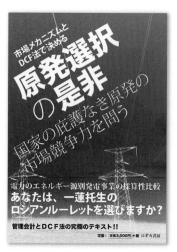

A5判・352頁・並製
定価：3,000円+税

国家の庇護なき原発の市場競争力問う。
原発は本当に効率がいいのか？
原発の廃止は国民に負担を強いるのか？
原発労働者の安全は？
低線量被爆なら大丈夫なのか？
自由競争市場と経済合理性、
様々な資料のもと電力のエネルギー源を比較し、
私たちは電力源に何を選択すべきなのかを
冷静に問うています。

ロギカ書房の好評既刊書

第4版
ファイナンシャル・モデリング

サイモン・ベニンガ 著
中央大学教授・大野 薫 監訳

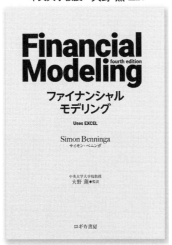

A5判・1152頁・上製
定価：11,000円＋税

サイモン・ベニンガの名著を完訳！！
Excelを使って
ファイナンス・モデルを解析しシュミレートする、
画期的な本！！

Ⅰ　コーポレート・ファイナンスとバリュエーション
Ⅱ　ポートフォリオ・モデル
Ⅲ　オプションの評価
Ⅳ　債券の評価
Ⅴ　モンテカルロ法
Ⅵ　Excelに関するテクニック
Ⅶ　ビジュアル・ベーシック・フォー・アプリケーション（VBA）

ロギカ書房の好評既刊書

法人税制
1980年代から現在までの変遷

日本経済団体連合会参与
阿部 泰久

A5判・320頁・並製
定価：3,000円＋税

法人税減税、課税ベース拡大…、財務当局との駆引き、経済界との調整はどのように行われたのか？内側から見た30年間を紐解く

序章	法人税負担とはなにか
第1章	税制抜本改革と法人税
第2章	税率引下げと課税ベース拡大
第3章	政策減税か税率引下げか
第4章	組織再編成税制
第5章	連結納税制度の創設
第6章	減価償却制度
第7章	グループ法人税制
第8章	地方法人課税
第9章	民主党政権下の税制改正
第10章	アベノミクスの税制改正（Ⅰ）
第11章	アベノミクスの税制改正（Ⅱ）
第12章	中小法人税制とLLP・LLC
第13章	国際課税
第14章	これからの法人税